Desquite
Divórcio
e Anulação
do
Casamento

EDITORA GLOBO

Copyright © 2002 Editora Globo S.A.

Todos os direitos reservados. Nenhuma parte desta edição pode ser utilizada ou reproduzida – por qualquer meio ou forma, seja mecânico ou eletrônico, fotocópia, gravação etc. – nem apropriada ou estocada em sistema de banco de dados, sem a expressa autorização da editora.

Edição de texto e revisão: Eliana Rocha
Projeto gráfico, direção de arte e editoração eletrônica: A2 Publicidade

EDITORA GLOBO S.A.
Av. Jaguaré, 1485 – São Paulo, SP, Brasil
CEP 05346-902 – Tel.: (11) 3362-2000
e-mail: atendimento@edglobo.com.br

www.globolivros.com.br

Dados Internacionais de Catalogação na Publicação (CIP)
(Câmara Brasileira do Livro, SP, Brasil)

Rios, Josué
   Desquite, divórcio e anulação do casamento / Josué Rios. – São Paulo: Globo, 2002. -- (Série Cidadania)

   ISBN 85-250-3538-6

1. Casamento – Anulação – Brasil 2. Desquite – Brasil 3. Divórcio – Brasil I. Título. II. Série.

02-2423

CDU – 347.624 (81)
            -347.627.2(81)

Índices para catálogo sistemático:
1. Brasil: Anulação do casamento: Direito Civil 347.624 (81)
2. Brasil: Casamento Anulação: Direito Civil 347.624 (81)
3. Brasil: Desquite: Direito Civil 347.627 (81)
4. Brasil: Divórcio: Direito Civil 347.627 (81)

Impressão e acabamento: Lis Gráfica

SÉRIE CIDADANIA

Desquite
Divórcio
e Anulação
do Casamento

Josué Rios

Editora GLOBO

APRESENTAÇÃO

A Editora Globo lança mais um título da Série Cidadania, agora em parceria com Josué Rios, advogado de reconhecido engajamento na luta pela defesa dos direitos dos cidadãos e autor do livro *Guia dos seus direitos – Tudo o que você precisa saber para exercer melhor a sua cidadania*.

Desquite, Divórcio e Anulação do Casamento é uma obra destinada a todas as pessoas leigas em direito de família, mas que precisam de informações para compreender e exercer melhor os seus direitos no momento em que decidem se separar – um momento delicado, no qual é necessário levar em consideração, além dos aspectos de ordem emocional, os de ordem prática.

As informações apresentadas em *Desquite, Divórcio e Anulação do Casamento* têm como fonte o texto das leis vigentes, mais a sua interpretação feita pelos tribunais e a doutrina jurídica, além de incluir as alterações do novo Código Civil (em vigor a partir de 11 de janeiro de 2003). Saber o que é considerado violação dos deveres do casamento, se é possível sair de casa antes do desquite sem perder os direitos, com quem ficam os filhos, como fazer a partilha de bens, quais são os erros que dão direito à anulação do casamento – estes são apenas alguns dos diversos tópicos abordados no livro, um valioso instrumento de consulta que ajuda o leitor a ficar bem-informado antes de consultar um advogado especialista para efetivar a separação.

Com *Desquite, Divórcio e Anulação do Casamento* o leitor não estará sozinho em suas primeiras caminhadas – e poderá exercer melhor a sua cidadania.

Os Editores

Desquite
Divórcio
e Anulação
do
Casamento

DESQUITE 9

UMA QUESTÃO DE NOMENCLATURA 10
**COMO SAIR DE CASA ANTES DO DESQUITE
E NÃO PERDER OS DIREITOS** 10
   O que é abandono do lar............................12
   O que deve fazer quem já está
   separado de fato 13
QUEM SE DESQUITA NÃO SE DESCASA 14
O DESQUITE ANTES DO DIVÓRCIO 15
**DESQUITE CONSENSUAL E DESQUITE
LITIGIOSO** 15
DESQUITE CONSENSUAL 15
   Como é feito o desquite............................16
   Quando o desquite passa a valer..............16
   O que é preciso saber antes
   de redigir o acordo 17
      O nome..17
      Os filhos...18
      Pensão para os filhos 18
      Pensão para a ex-mulher....................19
      Pensão para o ex-marido....................20
      Os bens..23
         Comunhão universal de bens.........23
         Comunhão parcial de bens.............24
         Separação de bens 25
      Doação de bens aos filhos
      na partilha...25
      Promessa de doação...........................26
      Pagamento de imposto
      na doação 26

Desquite amigável sem partilha dos bens.....27	
Como deve ser feita a partilha e quais os documentos necessários 28	
Pagamento de imposto..............................30	
Registro da partilha dos bens 30	
Reconciliação 34	
Conseqüências da reconciliação 35	
Troca de documentos 36	
Mudanças depois do desquite....................37	
DESQUITE LITIGIOSO **39**	
Conduta desonrosa 39	
Violação aos deveres do casamento...............41	
Quebra do dever de fidelidade 41	
Falta de assistência mútua.......................44	
Falta de assistência moral.......................44	
Violação do dever de convivência 45	
Quebra do dever de respeito mútuo 46	
Indenização ao cônjuge inocente 47	
Quem pode pedir um desquite litigioso ...48	
Meios de prova 48	
Depoimento pessoal..................................49	
Testemunhas..50	
Documentos...51	
Fotografias 52	
Exames periciais 53	
Inspeção judicial 54	
Gravações telefônicas 54	
Onde é ajuizado o processo de desquite litigioso.......................................56	
O processo de desquite litigioso.................56	
O que os cônjuges discutem e segredo de justiça 58	
Com quem ficam os filhos no desquite litigioso 58	
Como assegurar a guarda dos filhos antes do processo................................58	
A definição da guarda pelo juiz......................59	
A guarda pode ser modificada depois do desquite...59	
A pensão alimentícia no desquite litigioso....61	
A fixação da pensão 61	
Pensão alimentícia antes do ajuizamento do desquite.....................................63	
Redução e extinção da pensão depois do desquite....................................65	
Como fica o nome da mulher no desquite litigioso 67	
A partilha de bens no desquite litigioso 69	
Inventário judicial 69	
Quando um cônjuge não precisa provar a culpa do outro 72	
Separação de fato há mais de um ano 72	
Doença mental...73	
Conseqüências do desquite litigioso sem culpa 73	
Questão do nome 73	
Guarda dos filhos..73	
Pensão...73	
Partilha de bens 74	
Quando termina o desquite litigioso..............74	

DIVÓRCIO **76**	
QUANDO PEDIR O DIVÓRCIO **77**	
DO DESQUITE AO DIVÓRCIO..............**77**	
A partilha dos bens no divórcio por conversão...80	
DIVÓRCIO DIRETO..................................**80**	
Divórcio direto consensual.............................80	
Vantagens do divórcio direto amigável......82	
Divórcio direto litigioso 82	
A partilha de bens no divórcio direto litigioso 84	
DOCUMENTOS DEPOIS DO DIVÓRCIO **85**	
ANULAÇÃO DO CASAMENTO **86**	
AS DIFERENÇAS ENTRE DESQUITE, DIVÓRCIO E ANULAÇÃO DO CASAMENTO 87	
REQUISITOS PARA ANULAR O CASAMENTO **88**	
Casamento inexistente 89	
Pessoas do mesmo sexo 89	
Falta de celebração...................................90	
Ausência de consentimento 90	
Casamento nulo..91	
Incesto..91	
Bigamia..91	
Casamento entre adúlteros 92	
Casamento com o rival do cônjuge........92	
Casamento anulável 93	
Menores 93	
Menor grávida 94	
Erro quanto à pessoa 94	
ERROS QUE DÃO DIREITO À ANULAÇÃO DO CASAMENTO **95**	
Impotência sexual..95	
Medo do sexo..96	
Doença anterior ao casamento 97	
Sexo para procriar...98	
Homossexualismo...98	
Concubinato anterior ao casamento 98	
Promessa de casamento religioso.................99	
Procurado pela Justiça 100	
Virgindade 101	
O direito de quem foi forçado a dizer "sim" 101	
CONSEQÜÊNCIAS DE UM CASAMENTO ANULADO..**103**	
Os bens..103	
Os filhos..104	
O nome..104	
A pensão...104	
O CUSTO DO PROCESSO E A CONTRATAÇÃO DO ADVOGADO **104**	
ÍNDICE REMISSIVO **108**	

Desquite

UMA QUESTÃO DE NOMENCLATURA

Desquite ou separação judicial? A partir de 1977, a lei passou a chamar o desquite de separação judicial. Mas a palavra "desquite" continuou sendo usada, tanto pelas pessoas comuns quanto nos meios jurídicos, pois a lei apenas promoveu uma mudança de nomes, sem qualquer efeito prático. Por isso, você pode se sentir à vontade usando a palavra "desquite".

COMO SAIR DE CASA ANTES DO DESQUITE E NÃO PERDER OS DIREITOS

Um dos cônjuges decide ir embora de casa. Muitas vezes, faz isso num impulso – e depois fica inseguro, temendo perder algum direito por causa da decisão apressada. Mas também há situações em que um dos cônjuges quer que o outro vá embora de casa, mas não sabe se pode forçar sua saída. Nos dois casos, a lei prevê um procedimento que, se adotado, evita inseguranças. Trata-se de um processo judicial que se chama "separação de corpos". Esse tipo de processo pode ser ajuizado por qualquer um dos cônjuges ou por ambos, antes de dar entrada no processo de desquite ou divórcio, o que será feito depois. Na verdade, a separação de corpos é a legalização da separação de fato do casal, antes do desquite e do divórcio.

Com a separação de corpos, cessam os deveres de coabitação e de fidelidade. Isso quer dizer que, além de não estarem mais obrigados a conviver sob o mesmo teto, os cônjuges não têm mais a obrigação de serem fiéis um ao outro, nem de manter relações íntimas – um não pode mais cobrar do outro o chamado débito conjugal (dever de manter relação sexual). Além disso, o cônjuge que for obrigado – ou se dispuser – a deixar o lar após a separação de corpos não pode mais entrar e sair livremente da casa do outro. Deverá respeitar a privacidade do outro da mesma forma que as demais pessoas. Por exemplo, se a esposa trocar a fechadura da porta, o marido não terá do que reclamar.

Enquanto não houver a separação de corpos, marido e mulher têm de cumprir e respeitar as obrigações do casamento. Afinal, juridicamente, sem a legalização da separação de fato, via separação de corpos, os cônjuges continuam tendo os mesmos direitos e deveres, inclusive o de fidelidade. Alguns juízes interpretam a lei de forma mais liberal, entendendo que, depois de algum tempo de separação de fato, mesmo sem haver a separação de corpos, não há mais a obrigação de ser fiel. Mas resta sempre uma certa insegurança. Às vezes, homens e mulheres que estão separados de fato ficam até com receio de conversar ou sair com outras pessoas. A tendência é não haver problemas, mas, de todo modo, a falta de legalização da separação de fato gera sempre uma incerteza.

A separação de corpos realmente é importante para o cônjuge que sai de casa. Isso porque quem sai amparado por uma autorização do juiz, que é dada na separação de corpos, não pode ser acusado de ter abandonado o lar. Nem todo abandono de lar representa uma infração aos deveres do casamento, mas, havendo a separação de corpos, não haverá discussão sobre o assunto.

O processo de separação de corpos pode ser feito de forma amigável. Isso acontece quando os cônjuges chegam a um acordo para legalizar a separação de fato antes de fazer o desquite ou o divórcio. Mas, numa situação de conflito, em que não há clima para um acordo, o processo pode ser litigioso. Exemplos mais comuns de separação de corpos litigiosa: para obrigar um dos cônjuges a sair de casa ou para legalizar a saída do cônjuge que não suporta mais o ambiente do lar.

Assim, uma mulher que está sendo ameaçada de espancamento ou de morte pelo marido pode entrar com um processo de separação de corpos, para que o juiz o obrigue a deixar a casa. Se ficar claro que a mulher corre riscos, o juiz ordenará que o marido se mude. A decisão do juiz nesse tipo de processo é proferida com rapidez e às vezes até sem ouvir previamente o marido, que somente depois de sair de casa apresentará sua defesa.

> **FIQUE ATENTO!**
> Quando o juiz concede a separação de corpos, os cônjuges têm o prazo de trinta dias para dar entrada no processo de desquite. Se perderem o prazo, a separação de corpos perde a validade. A separação de corpos é importante também porque é uma prova segura da data em que começou a separação de fato do casal. E quem comprova, de forma indiscutível, a separação de fato há dois anos ou mais pode requerer o chamado divórcio direto – aquele que não exige a realização anterior do desquite.

No caso da separação de fato, pode surgir um problema em relação à paternidade. Pela lei atual, na vigência do casamento (que só acaba em caso de divórcio, morte ou anulação), uma das hipóteses em que o marido pode contestar a paternidade é quando os cônjuges estão "legalmente separados". E a separação legal, para esse fim, é a que resulta do desquite ou da separação de corpos. A lei diz que, em caso de gravidez da mulher, o marido legalmente separado (vale separação de corpos) pode contestar a paternidade se provar que ficou no mínimo 121 dias, dos trezentos dias anteriores ao nascimento do filho, sem manter relação sexual com a esposa. Esse direito, então, não poderia ser exercido por quem estivesse apenas separado de fato. Entretanto, a maioria dos juizes tem abrandado o rigor dessa norma e permitido que o marido separado de fato conteste a paternidade. Mas a questão não é ainda totalmente pacífica. Essa é outra razão pela qual a separação de corpos é aconselhável.

O que é abandono do lar

Um dos deveres do casamento é o de coabitação, isto é, o dever que têm os cônjuges de morar sob o mesmo teto. A doutrina jurídica ensina que o "lar é o templo da família e, nele, os cônjuges devem morar juntos para poder cumprir os deveres recíprocos de assistência moral, material e sexual". Por isso, o abandono do lar conjugal constitui uma infração aos deveres do casamento, e o cônjuge que pratica esse ato fica sujeito a ser condenado no processo litigioso de desquite ou divórcio como o responsável pela separação ou fim do casamento. E quem perde o processo de desquite/divórcio fica em desvantagem em relação ao cônjuge que é considerado inocente.

O cônjuge que abandona o lar fica ainda sujeito a duas conseqüências. Primeira, não terá o direito de pedir pensão alimentícia enquanto se recusar a voltar ao lar. Segunda, não poderá ser o inventariante dos bens do casal em caso de morte do outro cônjuge.

Mas é preciso lembrar que nem todo abandono do lar caracteriza infração aos deveres do casamento. Somente o abandono do lar por irresponsabilidade ou por capricho, para prejudicar o outro cônjuge, é que configura a infração. Mas a mulher que abandona o lar porque está sendo ameaçada pelo marido ou porque vem sendo agredida por ele não comete infração aos deveres do casamento. Um cônjuge não tem direito de infernizar a vida do outro. Se ficar claro que a vida em comum se tornou insuportável, o cônjuge que se sentir vítima dessa situação pode sair de casa mesmo sem o processo de separação de corpos e não estará cometendo nenhuma infração. Mas vale lembrar que o cônjuge que sai de casa é que tem de provar que abandonou o lar por motivo justo. Por isso, se a convivência se tornou impossível, antes de tomar a decisão de partir, é bom você conversar com pessoas que possam testemunhar os problemas causados pelo outro cônjuge. Nesse caso, vale também o depoimento de filhos e parentes, assim como provas documentais como cartas, fotografias, gravação em secretária eletrônica, etc.

Também não caracterizam abandono do lar viagens ou a residência temporária em outro local por motivo profissional. Mas o Tribunal de Justiça de São Paulo, ao julgar um pedido de separação judicial (desquite), considerou que configura abandono do lar o cônjuge ir para o exterior sem o consentimento do outro e se recusar a voltar quando o outro exige.

Só que, de acordo com o novo Código Civil, que entra em vigor em 11 de janeiro de 2003, o abandono do lar só será caracterizado quando um dos cônjuges, por vontade própria, ficar durante um ano contínuo fora da residência comum. Mas, até a vigência do novo Código, valem as recomendações acima. Sem contar que é bom ter certo cuidado com as inovações literais das leis, pois, na prática, a maior ou menor dimensão dos avanços contidos nos seus textos é dada pelos juízos – e estes, na qualidade de autorizados intérpretes e adaptadores das normas legais à realidade, podem se colocar além ou aquém da literalidade da lei. Por isso, os reais "avanços" da nova lei só com o tempo serão captados.

O que deve fazer quem já está separado de fato

Quando já estão separados de fato, os cônjuges podem requerer na Justiça a concessão da separação de corpos para legalizar a situação. Isso evitará possíveis alegações de abandono do lar, assim como os demais problemas a que já nos referimos. É importante lembrar que, durante a separação de fato, não legalizada com a separação de corpos, a área dos direitos e deveres do casamento se torna uma espécie de terreno baldio: turvam-se os limites. E, sem limites claros, vem a insegurança normal que ronda as situações indefinidas. De repente, quando você menos espera, lá está ele de novo dentro da sua casa. Além disso, em termos legais, a indefinição pesa a favor do mais forte – ou de quem é mais abusivo ou perturbador. Todos esses inconvenientes podem ser evitados com a formalização da separação. Caso contrário, ele pode querer voltar de mala e tudo ao doce lar, quando você já está decididamente em outra.

CONSULTA

"Tive que sair de casa, não dava mais. Só que é ele quem administra os nossos bens (imóveis alugados, investimentos e outros) e a empresa que é de nossa propriedade. Fora de casa perdi o controle de tudo, e ele pode estar se aproveitando disso. O que fazer?"

Resposta: Você pode entrar na Justiça com um processo que se chama "ação de prestação de contas". Por esse processo, ele será obrigado a apresentar os rendimentos produzidos pelos bens do casal e informar que destino está sendo dado ao dinheiro. Se ficar provado que ele se apossou de dinheiro que deveria ser dividido com você, esse valor será descontado no momento da partilha dos bens, quando for feito o desquite. E se esses bens estiverem sendo vendidos ou desviados, o juiz pode determinar o seqüestro dos bens – o que significa que eles serão postos sob o controle da Justiça até o julgamento definitivo do processo de desquite.

QUEM SE DESQUITA NÃO SE DESCASA

O desquite extingue os principais direitos e obrigações do casamento, mas não o próprio casamento, que só termina quando é feito o divórcio ou em caso de morte ou anulação do casamento.

O que termina quando é feito o desquite é o dever de fidelidade e de coabitação. Isso quer dizer que os cônjuges estão livres para um novo relacionamento afetivo – e não estão mais obrigados a residir na mesma casa.

Termina também o regime matrimonial dos bens. Isso significa que qualquer bem que o ex-marido ou a ex-mulher adquirir depois do desquite será de propriedade exclusiva do adquirente, não sendo necessária a assinatura ou qualquer forma de interferência do outro em caso de venda, troca, doação, etc.

FIQUE ATENTO!
Digamos que, ao se desquitar, um dos cônjuges fique com uma das duas casas que pertenciam ao casal e, depois do desquite, compre mais uma casa. Esse cônjuge é o proprietário exclusivo das duas casas, e não há mais qualquer direito do outro cônjuge sobre esses bens – ainda que os dois continuem juridicamente casados até que seja feito o divórcio, o que não é obrigatório.

Mas nem tudo na relação do casal se extingue com o desquite. Continua vigorando a proibição de a pessoa desquitada se casar novamente, já que um novo casamento só é permitido depois do divórcio ou da anulação do casamento. Se só houve o desquite, continua também aberta a possibilidade de a qualquer momento os cônjuges se reconciliarem e, mediante uma simples petição apresentada ao juiz, desfazerem o desquite e voltarem a viver a plenitude jurídica do casamento, como se nada tivesse acontecido.

Aliás, nesse ponto está a diferença básica entre desquite e divórcio. No divórcio, os ex-cônjuges não podem se reconciliar. Eles apenas adquirem o direito de casar novamente.

O DESQUITE ANTES DO DIVÓRCIO

Até 1977 não havia divórcio no Brasil. E, embora o direito ao divórcio tenha evoluído, ainda há limitações. De acordo com a nossa lei, o casal só pode se divorciar se provar que está separado de fato há dois anos ou mais (divórcio direto). Quem não preenche esse requisito só terá direito ao desquite. E deverá aguardar um ano para converter o desquite em divórcio.

DESQUITE CONSENSUAL E DESQUITE LITIGIOSO

Quem pretende se desquitar tem duas possibilidades: fazer um desquite consensual ou um desquite litigioso. Mesmo à custa de concessões, vale a pena o esforço para fazer o desquite de forma consensual – evita o campo de batalha, em geral sem nenhuma glória, do desquite litigioso. Vamos conhecer as diferenças e procedimentos dos dois tipos de desquite.

DESQUITE CONSENSUAL

O desquite consensual – também dito amigável – é aquele em que os cônjuges entram num acordo sobre todos os pontos relativos à separação. Insatisfações e desentendimentos à parte, o importante é que haja um acordo para a formalização do desquite. No desquite amigável, os cônjuges não precisam remexer no baú dos motivos da separação. Basta que manifestem perante a Justiça a intenção de se desquitar e apresentem o acordo feito sobre todos os pontos que envolvem a separação: a partilha dos bens do casal, a guarda e visita de filhos menores, pagamento de pensão alimentícia, e a continuidade ou não do uso do nome de casada pela mulher.

Só os cônjuges casados há dois anos ou mais podem fazer o desquite amigável. Mas esse prazo muda com novo Código Civil, que entrará em vigor no dia 11 de janeiro de 2003 e estabelece que os cônjuges casados por mais de um ano já podem pedir o desquite amigável.

Como é feito o desquite

Depois que os cônjuges chegam a um acordo quanto aos termos do desquite amigável, elabora-se um documento que contém tudo o que foi combinado. Em geral, no desquite amigável, os cônjuges têm o mesmo advogado – ou cada um contrata o seu profissional. A última situação é comum – e aconselhável – quando o clima de confiança entre os cônjuges não anda bem. Muitas vezes, os termos do acordo do desquite são acertados pelos próprios cônjuges – e o advogado (ou advogados) apenas elabora o documento (petição do desquite amigável) que será dirigido ao juiz. Mas também é comum o advogado (ou advogados) costurar junto com os cônjuges os termos do acordo.

Uma vez elaborada, a petição do desquite é apresentada ao juiz. Nesse momento, o juiz ouve os cônjuges para confirmar sua intenção de se separar. Se não se convencer da verdadeira intenção dos cônjuges em se desquitar, o juiz não decreta o desquite de imediato e marca uma nova audiência, em outra data, para ouvir novamente os cônjuges. E se mesmo assim não perceber firmeza na decisão deles, não decretará o desquite. Além disso, se achar que alguma coisa que foi acertada pelos cônjuges fere a lei ou prejudica uma das partes, ou os filhos, o juiz pode não decretar o desquite enquanto a injustiça não for corrigida. Se, depois de ler a petição do desquite e ouvir os cônjuges, o juiz achar que está tudo bem, passa a petição a um promotor de justiça, para opinar sobre o assunto, e em seguida pede ao casal que assine a petição, juntamente com o advogado (ou advogados).

Feito isso, o juiz homologa o desquite (confirma a separação do casal) e o assunto está encerrado. Algumas vezes, quando tudo está acertado entre os cônjuges e o acordo chega à Justiça bem preparado, a realização de um desquite não demora mais do que uns quarenta minutos.

Quando o desquite passa a valer

Após a homologação do desquite pelo juiz, o casal já está separado, e o homem e a mulher estão desobrigados dos direitos e deveres do casamento. Mas o desquite só vale perante as outras pessoas quando houver a anotação no Cartório de Registro Civil onde foi celebrado o casamento. Por isso, o juiz que decreta o desquite expede um documento chamado "mandado de averbação". Esse documento terá de ser levado ao cartório por qualquer um dos desquitados, para que seja feita a anotação da separação.

Uma vez feita a anotação, a ex-mulher e o ex-marido podem se apresentar publicamente como desquitados – e deverão fazê-lo toda vez que alguém lhes solicitar o estado civil para o preenchimento de algum documento. E, a partir da anotação, quando um dos desquitados assinar um contrato, comprar ou vender um bem, contrair uma dívida, estará assumindo um compromisso em nome próprio, sem que o outro tenha qualquer responsabilidade. A anotação também é importante para comprovar o tempo necessário para o divórcio.

Se o desquite não for levado ao Cartório de Registro Civil, perante as outras pessoas o casal continuará casado, isto é, ainda serão marido e mulher, o que poderá causar sérias restrições. Como o marido ou a mulher, por exemplo, só pode vender, doar, dar em garantia um imóvel ou prestar fiança com o consentimento do outro para que o negócio tenha validade, a pessoa que quiser fechar negócio com o desquitado poderá condicionar sua realização à apresentação da certidão de casamento com a anotação do desquite (certidão de casamento atualizada) para certificar-se do contratante.

O que é preciso saber antes de redigir o acordo

Deve fazer parte da preparação do desquite consensual a elaboração de um plano do que deve constar do acordo. Embora os direitos e deveres dos cônjuges estejam previstos na lei, e o juiz deva zelar pelos interesses das partes, é importante conhecer antes quais são esses direitos e obrigações para uma melhor preparação do plano. Até porque há direitos que vão além dos textos legais: são direitos reconhecidos pelos tribunais, que formam jurisprudência e não devem ser esquecidos na hora do acordo. Por isso, informo a seguir os direitos e obrigações mais importantes, que você deve conhecer antes de redigir o acordo. Seu advogado vai ajudar nesse momento, mas nunca é demais saber o que perguntar ou sugerir.

FIQUE ATENTO!
Até 26 de dezembro de 1977, a mulher que se casasse assumia obrigatoriamente o sobrenome do marido. Essa obrigação foi abolida com a aprovação da Lei do Divórcio. Depois que essa lei entrou em vigor, a mulher só passa a usar o sobrenome do marido se fizer essa opção. E é o que vale atualmente. Mas a antiga obrigação ficou tão enraizada que a maioria das mulheres escolhe usar o sobrenome do marido por costume.

O nome

A esposa que adotou o sobrenome do marido ao se casar tem o direito de escolher entre permanecer com o nome de casada ou voltar a usar o sobrenome de solteira. Se optar por manter o nome de casada, o marido não poderá se opor. A escolha compete exclusivamente à mulher.

Os filhos

O casal terá de definir quem assumirá a guarda dos filhos. O cônjuge que ficar com a guarda obriga-se a cuidar e educar os filhos, zelando por sua saúde, seu aprendizado, e dando-lhes assistência geral. Os pais são livres para decidir a respeito da guarda e forma de visita aos filhos, desde que o acordo não lhes seja prejudicial.

Os dias e horários de visitas devem ser detalhados para evitar futuros desentendimentos. Sendo assim, é conveniente definir com quem os filhos ficarão nos fins de semana, feriados, datas comemorativas (aniversário dos filhos, dos próprios pais, etc.), férias escolares, bem como os horários em que o pai ou a mãe buscará e devolverá os filhos ao cônjuge que tem a guarda.

Não é comum, mas os pais podem adotar a guarda conjunta ou alternada dos filhos. Na guarda conjunta, ambos os pais são responsáveis pelos filhos, que poderão passar uns dias na casa do pai e outros na casa da mãe. Nesse caso, não há regras preestabelecidas. A guarda conjunta tem maiores chances de dar certo quando os desquitados têm uma boa relação depois da separação e residem próximo um do outro.

Já na guarda alternada os filhos passam um determinado período de tempo com um dos pais e depois com o outro. No caso de pais que moram em cidades diferentes, essa alternância de convivência com os filhos se torna a solução menos ruim para todos, principalmente para as crianças. Se um dos pais mora no exterior, por exemplo, a guarda alternada pode ser importante para os filhos em termos culturais.

Pensão para os filhos

Quem ficar com a guarda dos filhos deve fazer constar explicitamente do acordo do desquite a obrigação do outro cônjuge de pagar pensão alimentícia para o sustento e educação dos menores. O valor da pensão, que normalmente é calculado em salários mínimos, deve levar em conta todas as necessidades dos filhos em termos de alimentação, escola, saúde, lazer, etc. Mas o gasto não deve levar o responsável pelo pagamento da pensão à miséria. Tem de haver uma compatibilidade entre a necessidade dos filhos e as condições econômicas de quem vai pagar a pensão. Importante: a obrigação de pagar a pensão é de ambos os pais, conforme

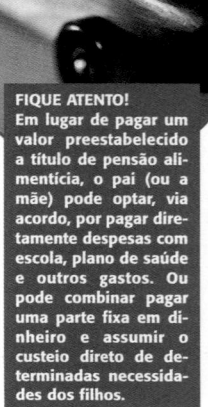

FIQUE ATENTO!
Em lugar de pagar um valor preestabelecido a título de pensão alimentícia, o pai (ou a mãe) pode optar, via acordo, por pagar diretamente despesas com escola, plano de saúde e outros gastos. Ou pode combinar pagar uma parte fixa em dinheiro e assumir o custeio direto de determinadas necessidades dos filhos.

suas condições financeiras. Portanto, quem fica com a guarda dos filhos também tem a obrigação de contribuir com as despesas da prole.

Embora fique a critério dos cônjuges definir, por acordo, o valor da pensão que cada um dos pais deve pagar, se entender que a quantia é insuficiente para suprir as necessidades dos filhos ou está em desacordo com o poder econômico dos pais (ou de um deles), o juiz pode não decretar o desquite enquanto um novo valor não for estipulado.

Do acordo do desquite devem constar também os detalhes sobre a pensão: dia do pagamento, forma de reajuste e a maneira como o pagamento será feito (desconto em folha de pagamento do salário, depósito em conta, etc.).

Regra geral, o filho tem direito à pensão até completar 21 anos, exceto se for universitário, caso em que esse direito se estende até os 24 anos. Mas, se terminar o curso antes de completar essa idade, o pai pode parar de pagar a pensão. Por outro lado, se completar 24 anos e ainda não tiver se formado, então é bom saber que a fonte pode ter secado. Explico. Conforme o entendimento de quase todos os tribunais, 24 anos é o limite. Depois dessa idade, só raramente o filho universitário consegue convencer a Justiça a obrigar o pai a continuar bancando a pensão. E ainda assim terá que demonstrar o quanto lhe será prejudicial ficar sem a pensão em pleno curso, só por culpa do calendário.

Filhos portadores de alguma doença ou deficiência que os impossibilite para o trabalho, ou que estejam em tratamento de saúde, têm o direito de receber pensão enquanto perdurar a situação excepcional – mesmo que sejam maiores de idade.

Pensão para a ex-mulher

A mulher tem o direito de pedir pensão alimentícia ao ex-marido, desde que não tenha meios próprios para o seu sustento. É o caso da mulher que durante o casamento se dedicou ao marido e aos filhos e não teve a oportunidade de trabalhar profissionalmente – ou o fez de forma esporádica. Também tem direito à pensão a mulher que se encontra incapacitada para o trabalho – por doença, por exemplo.

Quanto ao valor da pensão, o princípio é um só: a separação não deve reduzir o status social ou econômico dos cônjuges. Se, durante o casamento, o marido bancava carro novo com tanque cheio, dinheiro para compras, etc., não pode querer que depois da separação a ex-mulher perca esse padrão de vida. Mas, estou falando da mulher que não se integrou ao mundo do trabalho profissional. E esse contexto abrange duas situações. A primeira delas é a situação da mulher que se exilou (ou se viu obrigada a se exilar) no lar, estendendo seu zelo de Amélia ao marido. Nesse caso, não é justo que ela seja penalizada e tenha que reduzir seu padrão de vida em razão do desquite. A segunda situação é a da mulher que, embora não dedique a maior parte do seu tempo às tarefas caseiras, não participa do mercado de trabalho. Não há problema nisso. Essa é uma questão privada, interna, do casal. A mulher até tem uma profissão, mas o marido preferiu (ou ambos preferiram) que ela não se inserisse no mercado de trabalho.

FIQUE ATENTO!
Quando a mulher que tem direito à pensão decide abrir mão desse direito, é aconselhável que no texto do acordo do desquite amigável conste: "desiste provisoriamente da pensão alimentícia". Isso porque se deve evitar passar a idéia de renúncia definitiva do direito à pensão. Se constar do acordo uma cláusula que diga que a mulher "renuncia aos alimentos por dispor de meios próprios para o sustento", ela não poderá mais se arrepender e exigir a pensão. Mas, se em lugar de renúncia houver só desistência, a pensão poderá ser exigida mais tarde.

Nas duas situações mencionadas, a mulher tem direito à pensão do marido, e esse direito deve constar do acordo do desquite. Até porque, se o reivindicar num desquite litigioso, ganhará a causa. A verdade é que, se tiver uma profissão, ela só obterá a pensão durante algum tempo. Certa vez, num processo de desquite litigioso, o juiz disse mais ou menos o seguinte: "Se o marido concordou que sua ex-mulher, professora universitária, não trabalhasse enquanto eram casados, deve continuar arcando com o sustento e padrão de vida da ex-esposa. Mas não por muito tempo". E concluiu: "Pensão eterna para quem tem profissão, além de ser exploração, é antipedagógico e cria uma nova profissão: desquitada". O que os tribunais buscam nessa questão é o equilíbrio: o marido não deve se aproveitar do desquite para prejudicar a condição de vida da mulher, mas ela não deve pretender senão o que seja justo e necessário.

Não tem direito à pensão a mulher que ganha mais que o marido, ou que ganha o suficiente para manter seu padrão de vida, que é dona de bens que produzem renda. Mais: se a mulher for julgada culpada no desquite litigioso, perderá o direito à pensão.

Pensão para o ex-marido

Com a igualdade de direitos garantida pela Constituição, o marido também pode pedir pensão alimentícia. E já há muitos casos de pensão para o marido confirmados pela Justiça. Portanto, do acordo do desquite amigável pode também constar o direito do marido à pensão. As situações que dão e não dão direito à pensão são as mesmas para o homem ou para a mulher.

CONSULTA

"Minha mulher trabalha, só que ganho bem mais do que ela. E ela está querendo que conste do desquite amigável o pagamento de pensão. Isso está certo?"

Resposta: Está, considerando-se que é direito dela não ser "punida" com a redução do seu padrão de vida em razão do desquite, enquanto você continuará com o mesmo status – ou até em melhor situação. A idéia é que, nesses casos, se houver queda do padrão de vida em função do desquite, que a perda seja para ambos. Na prática, você vai acabar mantendo uma situação econômica superior à dela. O que não se pode admitir – e justifica a pensão da mulher, nesse caso – é que, com a separação, um passe a comer filé mignon enquanto o outro é empurrado à sopa de osso.

"No acordo do desquite, estou pensando em trocar a pensão que meu marido vai me pagar por uma parte maior dos bens. É possível?"

Resposta: Sim. Por receber uma parcela maior dos bens do que a combinada anteriormente, você pode renunciar ao direito à pensão. E isso pode ser mais seguro para você, considerando-se alguns eventos que podem advir para seu marido, como desemprego, incapacidade para o trabalho, nova família, aposentadoria, bem como outras situações imprevistas, que poderiam diminuir o valor da pensão originalmente estabelecida. Esse tipo de acordo também é bom para o marido, que fica livre do fardo mensal da pensão.

"Quero me desquitar amigavelmente, mas ainda não tenho dois anos de casamento. Sou obrigado a esperar?"

Resposta: Sim, você terá que esperar os dois anos. Mas isso não significa que os cônjuges estejam obrigados a viver sob o mesmo teto de insatisfações. Se não quiserem ter trabalho e gastar dinheiro para fazer uma separação de corpos, podem redigir um documento particular e estabelecer pontos como a data a partir da qual estão se separando de fato, o valor da pensão que deverá ser paga aos filhos ou a cada um deles, quem deixará a residência do casal, como ficará a guarda e a visita dos filhos, etc. Esse documento pode ser redigido pelos próprios cônjuges, ou com a ajuda de um advogado.

Embora tenha validade relativa, enquanto o casal aguarda o prazo do desquite, esse documento servirá como ponto de partida em futuras discussões e poderá ser admitido como prova (ou início de prova) para a exigência de futuras obrigações. Vale lembrar que, a partir da vigência do novo Código Civil, em 11 de janeiro de 2003, o casal já poderá se desquitar amigavelmente após completar um ano de casamento.

"Vou me desquitar da minha mulher. Gostaria de saber se a pensão alimentícia deverá ser paga obrigatoriamente em dinheiro."

Resposta: Não há obrigatoriedade de a pensão ser paga em dinheiro. Pode ficar ajustado que você efetuará o pagamento direto de algumas das despesas da sua mulher (aluguel, condomínio, plano de saúde, seguro do automóvel, contas de água, luz, telefone) e, para completar, você mesmo pode adquirir e entregar à sua ex-mulher outros itens para atender a suas necessidades pessoais – uma espécie de cesta básica.

A pensão alimentícia também pode ser prestada por meio de usufruto de bens. Por essa opção, você pode conceder à sua mulher, por exemplo, o usufruto de um imóvel, para que ela possa usá-lo como residência ou alugá-lo para obter um rendimento. Ela só não poderá vendê-lo, porque você continua sendo o proprietário do bem.

A forma pela qual a pensão alimentícia será prestada, no desquite amigável, fica a critério do casal. E nada impede que a pensão seja prestada parte em dinheiro, parte mediante o pagamento direto de despesas e parte na forma de usufruto de algum bem.

"Meu marido e eu fizemos o desquite amigável e ele se obrigou a pagar pensão alimentícia para mim e para nosso filho, que ficou sob minha guarda. Estou obrigada a pagar imposto de renda sobre os valores que recebo?"
Resposta: Como o valor recebido a título de pensão alimentícia é considerado rendimento tributável, você e seu filho estão obrigados a recolher o imposto e a apresentar declaração anual de imposto de renda à Receita Federal. O pagamento do imposto é mensal e deverá ser feito até o último dia do mês seguinte ao do recebimento. Por exemplo, o imposto referente à pensão recebida no mês de agosto poderá ser pago até o último dia do mês de setembro.

Você tem a opção de incluir seu filho como dependente, já que ele está sob sua guarda. Nesse caso, o valor recebido pelo seu filho deve ser somado ao valor que cabe a você e, do resultado, pode ser deduzida a quantia de R$ 106,00/mês (valor em janeiro de 2002) por dependente que a lei permite. E o pagamento do imposto e a apresentação da declaração são feitos só em seu nome.

Mas a opção de incluir seu filho como dependente deve ser analisada com o auxílio de um contador. Depois de colocar na ponta do lápis as duas opções, ele recomendará qual delas será a mais vantajosa.

"Recebo pensão do meu ex-marido. O valor corresponde a 30% do salário que ele recebe da empresa onde trabalha e é descontado em folha de pagamento. Como fica o valor quando ele se aposentar?"
Resposta: Quando seu marido se aposentar, você continuará tendo o direito de receber a pensão. Mas o percentual será de 30% do valor que ele receber de aposentadoria, do INSS ou de algum plano de previdência privada do qual ele seja beneficiário. Quando você souber que seu ex-marido pediu a aposentadoria, informe seu advogado. Ele analisará a conveniência de entrar com uma petição (no próprio processo de desquite amigável) requerendo que o valor da sua pensão seja descontado direto das fontes pagadoras da aposentadoria de seu ex-marido.

"Meu marido e eu estamos fazendo nosso desquite amigável e ele vai me pagar 20% do salário a título de pensão alimentícia. Como ele trabalha com carteira assinada, gostaria de saber sobre quais verbas incidirá o percentual."

Resposta: No caso de trabalhador assalariado, o percentual correspondente à pensão alimentícia incide sobre o rendimento líquido recebido mensalmente. Rendimento líquido é o valor do salário já descontadas as quantias recolhidas a título de imposto de renda e contribuição previdenciária.

Mas é bom lembrar que não é só sobre o salário líquido que incide o percentual da pensão. Ou seja, o valor sobre o qual incide o percentual da pensão abrange, além do salário, também o 13º salário, eventual abono complementar de salário e adicional noturno (embora alguns juízes entendam que o adicional noturno não deve compor o rendimento líquido), férias e gratificações periódicas (por exemplo, 14º salário, gratificação junina). Regra geral, o percentual não incide sobre horas extras, gratificações extraordinárias por produtividade ou pontualidade, FGTS, PIS-PASEP, conversão de licença-prêmio ou férias em dinheiro, adicional de 1/3 sobre as férias e reembolsos de viagens.

Entretanto, a Justiça tem reconhecido a validade da inclusão dos valores referentes ao PIS-PASEP, conversão de licença-prêmio ou férias em dinheiro, bem como das horas extras, se tal inclusão for feita de comum acordo entre os cônjuges. Por isso, quando você fizer o desquite amigável, convém discriminar no item referente à pensão todas as verbas sobre as quais incidirá o percentual. Isso evitará futuras discussões.

Os bens

A partilha dos bens, no desquite, deve levar em conta o regime de bens do casamento. Antes de mais nada, é preciso saber se o casal se casou por comunhão universal de bens, comunhão parcial de bens ou separação total de bens.

• Comunhão universal de bens

Se o casamento é pelo regime da comunhão universal de bens, os cônjuges têm o direito a uma divisão igualitária dos bens. A regra vale para os bens que existiam no momento do casamento e para todos os demais bens adquiridos depois do casamento.

Até 26 de dezembro de 1977, uma pessoa que se casasse e não fizesse um "pacto antenupcial", ou seja, um contrato prévio ao casamento, estipulando como ficariam os bens depois do casamento, adotava automaticamente o regime de comunhão universal de bens, que era a regra geral. Depois da aprovação da Lei do Divórcio, essa regra geral foi alterada. A pessoa que se casou a partir do dia 27 de dezembro de 1977, quando a Lei do Divórcio entrou em vigor, e não fez um pacto antenupcial, ficou obrigatoriamente sujeita ao regime de comunhão parcial de bens, que é a regra geral desde então.

- Comunhão parcial de bens

A partir da aprovação da Lei do Divórcio (Lei n.º 6.515 de 26 de dezembro de 1977), quem não declara, por meio de pacto antenupcial, que pretende se casar pelo regime da comunhão universal de bens, ou pelo regime da separação total de bens, automaticamente estará se casando pelo regime de comunhão parcial de bens. Na prática, a maioria dos casamentos são pelo regime da comunhão parcial, que é a regra geral. Assim, na hora do desquite amigável, confirmado que o regime de bens é o da comunhão parcial, o casal deve listar os bens que cada um dos cônjuges tinha antes de casar. Esses bens não entram na partilha na hora do desquite. Se o carro que a mulher usa para levar os filhos à escola ainda é o mesmo que o marido comprou antes do casamento, este veículo continua sendo só do esposo e fica fora da partilha – salvo se no acordo do desquite o marido quiser abrir mão dele. Afinal, acordo é acordo.

Depois de listados os bens que cada um tinha antes de casar, é necessário ainda fazer uma lista dos bens que foram adquiridos depois do casamento. Estes, sim, pertencerão a ambos os cônjuges no regime de comunhão parcial de bens. Assim, um imóvel, um carro ou um telefone comprados após o casamento, mesmo que estejam em nome de um só dos cônjuges, passam a fazer parte do patrimônio comum. Também entra nesta lista tudo aquilo que um dos cônjuges ganhar num jogo, aposta, rifa, loteria, etc.

Portanto, no momento do desquite, só entram na partilha os bens adquiridos depois do casamento. E como ficam os bens que um dos cônjuges recebeu como herança depois do casamento? Também entram na partilha? Pelo regime da comunhão parcial de bens, tudo aquilo que o marido ou a mulher receber como herança depois do casamento pertencerá somente àquele que herdou. Da mesma forma, o bem que for recebido como doação após o casamento pertencerá somente ao donatário. A doação só entra na partilha se o doador manifestou expressamente a vontade de beneficiar o casal.

FIQUE ATENTO!
A lei estabelece algumas exceções para o regime de comunhão universal de bens. Por exemplo, as jóias dadas pelo noivo à futura esposa, os livros e instrumentos de profissão de cada um e os retratos de família continuam pertencendo, com exclusividade, a cada um dos cônjuges após o casamento. Também não integram o patrimônio comum do casal os bens que um dos cônjuges recebeu por meio de testamento ou doação, desde que a pessoa que fez o testamento ou a doação tenha estipulado a "cláusula de incomunicabilidade", ou seja, a cláusula que diz que os bens legados ou doados só podem pertencer ao beneficiário e não devem fazer parte do patrimônio comum do casal.

- Separação de bens

No casamento realizado pelo regime de separação de bens, cada cônjuge continua sendo proprietário exclusivo dos seus bens, e das rendas produzidas por esses bens, e administra o que é seu sem a intromissão do outro. Nesse regime, os ganhos obtidos por um dos cônjuges como resultado da sua profissão ou de seus negócios pertencem com exclusividade a quem os obteve.

Na hora do desquite, como na separação de bens não há constituição de patrimônio comum, não há partilha a ser feita. Porém, é preciso lembrar que, mesmo no regime da separação de bens, os bens que forem adquiridos com o trabalho e com os recursos comuns dos cônjuges farão parte do patrimônio do casal e deverão ser partilhados na mesma proporção da contribuição de cada um.

- Doação de bens aos filhos na partilha

Para solucionar o impasse criado em relação à partilha de imóveis (casa, apartamento, etc.), os cônjuges podem estabelecer no desquite amigável que os bens serão doados aos filhos. Poderá ser estabelecido, ainda, que o imóvel será doado, mas com reserva de usufruto para um dos cônjuges. Isso quer dizer que a propriedade do bem será dos filhos, mas o titular do usufruto (ex-marido ou ex-mulher) poderá usá-lo, alugá-lo, menos vendê-lo. Normalmente, o usufruto é concedido à mulher para que ela possa continuar residindo no imóvel do casal ou alugá-lo.

Para que a doação seja feita, os cônjuges devem manifestar expressamente, no item do desquite referente à partilha, o desejo de transferir os imóveis para os filhos. E devem estar bem seguros ao tomar a decisão, porque, depois de homologados o desquite e a partilha dos bens pelo juiz, a doação não poderá ser desfeita, mesmo que os dois cônjuges se arrependam e queiram voltar atrás. Feita a homologação do desquite, o juiz expede um documento que deverá ser encaminhado ao Cartório do Registro de Imóveis onde o bem está registrado, para que a propriedade passe para o nome dos filhos. Mas atenção: a doação só po-

> **FIQUE ATENTO!**
> Um imóvel adquirido por um dos cônjuges, depois do casamento realizado pelo regime de comunhão parcial de bens, com dinheiro proveniente de um negócio realizado antes do casamento (venda de imóvel, recebimento de dívida) não entra na divisão em caso de separação. É que, embora o imóvel tenha sido comprado depois do casamento, o dinheiro utilizado na compra originou-se de um ato anterior ao casamento. Nesse caso, o bem fica pertencendo somente ao adquirente, apesar da regra que diz que os bens adquiridos depois do casamento pertencem a ambos os cônjuges.

derá ser feita em benefício dos filhos quando eles são menores de idade. Isso porque, se os filhos são maiores de idade, a doação precisa ser aceita expressamente por eles, e essa aceitação não pode ser manifestada no processo de desquite.

A saída, para os pais que querem resolver o impasse da partilha com a doação de bens para os filhos, sendo estes maiores de idade, é estipular no desquite uma promessa de doação. Vejamos como funciona.

• Promessa de doação

Os cônjuges podem fazer constar do acordo da partilha que apenas "prometem" doar aos filhos maiores determinado bem. Ou seja, obrigam-se, depois de terminado o desquite, a realizar a doação. Assim, depois de homologado o desquite pela Justiça, os cônjuges devem comparecer a um Cartório de Notas e pedir para que seja lavrada uma escritura de doação, que deverá então ser encaminhada ao Cartório de Imóveis para ser registrada. Só depois do registro é que a propriedade do imóvel passará para o nome dos filhos.

Os cônjuges que prometeram doar os bens aos filhos maiores podem desfazer a promessa depois do desquite, desde que ambos concordem em não fazer mais a doação.

E quando só um dos cônjuges pretende desistir da promessa de doação? Isto só é possível se do acordo do desquite constar, expressamente, que qualquer dos cônjuges pode se arrepender da promessa de doação. Nesse caso, mesmo que o outro cônjuge continue querendo fazer a doação, não pode realizá-la – e não se fala mais em doação. Importante: quando os dois cônjuges prometeram fazer a doação, e não houver o direito expresso de arrependimento, se um deles quiser se negar, depois, a fazer a doação prometida, o outro pode, judicialmente, obrigar o desistente a cumprir a promessa – e a doação se realiza.

• Pagamento de imposto na doação

Vale lembrar que na maioria dos Estados existe lei que estipula a obrigação de recolher

FIQUE ATENTO!
A promessa de doação, no acordo do desquite, também pode ser feita para os filhos menores, embora, nesse caso, o mais comum seja se fazer de uma vez a doação. Mas a promessa de doação para menores às vezes é necessária. É o que acontece, por exemplo, quando o imóvel que vai ser doado ainda está sendo pago. Nesse caso, o imóvel só estará livre para ser inteiramente doado depois que for quitado.

imposto em razão da doação. O imposto é calculado aplicando-se um percentual sobre o valor do bem doado, e esse percentual varia de Estado para Estado. Em regra, os beneficiários da doação são os responsáveis pelo pagamento do tributo. Como nos processos de desquite os beneficiários são sempre os filhos, os pais acabam arcando com o valor do imposto, mais as taxas de cartório para fazer a escritura de doação (quando esta resultar de promessa de doação) e o registro no Cartório de Imóveis. Por isso, os cônjuges devem fazer as contas e decidir se o valor que será gasto sairá da própria partilha, do bolso de um deles ou dos dois.

Dívidas do casal

As dívidas contraídas por um dos cônjuges em benefício do casal são de responsabilidade dos dois, mesmo que anteriores ao casamento. E os bens comuns do casal podem ser penhorados pela Justiça para garantir o pagamento.

Dessa forma, na partilha por ocasião do desquite, os cônjuges deverão mencionar todas as dívidas contraídas em benefício do casal, como, por exemplo, financiamento para aquisição da residência, consórcio ou leasing do carro, e estipular quem vai pagar o quê.

Se os cônjuges estão casados pelo regime de separação total, as dívidas feitas antes ou depois do casamento são da responsabilidade de quem as fez. Logo, nesse caso só o cônjuge devedor terá de assumir a responsabilidade pelo pagamento por ocasião da partilha. Uma exceção é a dívida feita em proveito comum, cujo pagamento deverá ser ajustado pelo casal.

Desquite amigável sem partilha dos bens

Muitas vezes os cônjuges estão de acordo com todos os itens do desquite amigável, com exceção da partilha dos bens. Sendo esse o caso, nada impede que façam o desquite amigável e depois voltem a conversar sobre a divisão do patrimônio.

E como é feita a partilha depois de decretado o desquite? A partilha poderá ser feita mediante o ajuizamento de um processo que se chama "inventário judicial". Os desquitados também podem realizar a partilha por meio de uma escritura pública (documento redigido num Cartório de Notas pelo tabelião). Nesse caso, terão de apresentar o documento à Justiça, para que o juiz tome conhecimento da partilha e aprove o acordo realizado.

O mesmo vale em relação à partilha parcial, que ocorre quando, no desquite amigável, é feita a partilha somente de uma parte do patrimônio comum do casal e o restante fica para ser dividido depois.

Mas é recomendável que os cônjuges façam a partilha de todos os bens junto com o desquite amigável, porque, se deixarem o assunto para depois, mesmo na condição de desquitados não poderão dar um novo rumo às suas vidas porque ficarão presos aos bens, o que pode gerar inúmeros desentendimentos quanto ao uso e gastos com manutenção e administração.

Como deve ser feita a partilha e quais os documentos necessários

Os cônjuges terão de fazer uma lista de todos os bens, descrevê-los e avaliá-los, anexando os documentos que comprovem a propriedade, mesmo que estejam em nome de apenas um deles. Assim, em se tratando de imóvel, terão de mencionar sua localização (rua, número, bairro, CEP, cidade, etc.) e juntar uma cópia da escritura pública registrada no Cartório de Imóveis. O valor do imóvel é aquele que consta do carnê de IPTU (valor venal). Não é necessário detalhar e comprovar a propriedade de todos os móveis que guarnecem o imóvel, tais como geladeira, fogão, forno de microondas, etc., a não ser que exista algum bem móvel ou antigüidade de grande valor (quadro de um artista famoso, escultura, etc.).

No caso de automóveis ou motocicletas, terão de descrever as características do bem (cor, modelo, ano de fabricação, chassi, placa, etc.) e juntar uma cópia do Certificado de Registro de Veículo – CRV. Em se tratando de contas e investimentos bancários, devem indicar o valor, o número da conta ou carteira de investimento, o nome do banco e agência, assim como um extrato que comprove o que foi declarado.

Feita a lista, é o momento de declarar o que fica com cada um dos cônjuges. A divisão dos bens do casal pode ser ajustada por vários critérios. Vejamos.

Situação 1: Os cônjuges podem convencionar que o apartamento X, avaliado em R$ 100 mil, e o carro Y, avaliado em R$ 20 mil, ficam com a mulher. O marido ficaria com o outro automóvel, no valor de R$ 30 mil, com o saldo na conta poupança, no valor de R$ 20 mil, com o investimento em renda fixa no valor de R$ 40 mil e com um terreno X avaliado em R$ 30 mil. Nesse exemplo, cada um dos cônjuges receberia bens que totalizariam a mesma quantia: R$ 120 mil.

Situação 2: Por outro critério, os cônjuges podem estabelecer que terão 50% de alguns bens (por exemplo, metade de uma casa para cada um) e proporções diferentes de outros (por exemplo, o marido fica com 70% e a mulher com 30% de um apartamento que vale R$ 100 mil, e o marido fica com 30% e a mulher com 70% do saldo de um investimento de R$ 100 mil), de modo que, ao final, ambos fiquem com um patrimônio do mesmo valor.

Situação 3: Os cônjuges podem estabelecer ainda que todos os bens (imóveis, carros, contas bancárias) ficam pertencendo aos dois em partes iguais (50% para cada um).

Mas nem sempre a partilha do desquite precisa atribuir metade do patrimônio para cada um, de modo que os cônjuges saiam sempre com valores iguais. No desquite amigável não há necessidade de observar essa regra, que deverá ser respeitada no desquite litigioso. No desquite amigável, os cônjuges podem estabelecer que um deles fica com uma fatia maior do bolo.

A lei determina que, na separação, nenhum dos cônjuges pode levar vantagem em termos econômicos. Por isso, todos os bens devem ser relacionados e colocados no papel. Só que, uma vez listados e contados os bens, como se trata de um acordo (o bom do desquite amigável é isso), marido e mulher podem transigir. Explico. A lei não proíbe que um cônjuge concorde em ficar com uma parte menor dos bens – ou até renuncie inteiramente à sua metade em favor do outro. Suponhamos, por exemplo, que um casal só tenha a casa onde mora com os filhos. Suponhamos, ainda, que um dos cônjuges queira o desquite amigável o mais rápido possível, mas saiba que um dos pontos que embaraçam a separação é a divisão dos bens. O que faz? Propõe abrir mão da sua metade da casa, em troca de que o outro colabore com a rapidez do desquite. Mas também pode ocorrer que um dos cônjuges queira abrir mão de sua metade no imóvel simplesmente por achar mais justo, e mais sensato, que a casa continue sendo a residência do outro cônjuge e dos filhos. Vale lembrar que o cônjuge que concordar em ficar com a menor parte dos bens – ou até sair do casamento só com coisas de uso pessoal – não precisa explicar isso no texto do acordo do desquite.

CONSULTA

"Posso abrir mão da minha parte dos bens em benefício da minha mulher na hora de fazer a partilha no desquite amigável?"

Resposta: Os cônjuges têm liberdade para ajustar os termos da partilha como bem entenderem. Mas essa liberdade é relativa. Você até pode renunciar a toda a sua parte (sua metade do patrimônio comum) em benefício de sua mulher ou dos filhos, mas o promotor de justiça pode ser contrário ao acordo e o juiz pode se recusar a homologar o desquite se verificar que a partilha é prejudicial a você, à sua mulher ou a seus filhos. Se entender que, em razão da sua situação econômica, você não terá bens para garantir sua sobrevivência, ou que sua mulher não terá condições de conservar e administrar os bens, o juiz não decreta o desquite.

• Pagamento de imposto

Se um dos cônjuges, na hora da partilha, abriu mão da metade de um imóvel em benefício do outro, essa liberalidade caracteriza uma doação e será obrigatório o recolhimento de imposto aos cofres do Estado onde o imóvel está situado. O responsável pelo pagamento é o cônjuge beneficiado.

Nos casos em que um cônjuge abre mão da metade de um imóvel, mas em troca recebe uma compensação em dinheiro, também será obrigatório o recolhimento de imposto, pois na prática é como se houvesse uma compra e venda de imóvel. Nesses casos, o imposto será devido ao município onde o bem está situado, e o responsável pelo pagamento é o cônjuge que recebeu o imóvel.

Portanto, o cônjuge que receber uma proposta de ficar com imóvel só para ele deve levar em conta, na hora de calcular os custos financeiros da separação, a possibilidade de arcar com o recolhimento do imposto.

• Registro da partilha dos bens

Se os cônjuges resolvem fazer a partilha de bens no processo de desquite amigável, o juiz, depois de homologá-lo, expede um documento chamado "formal de partilha", que comprova a divisão dos bens imóveis realizada pelas partes. Esse documento só será expedido depois que os cônjuges comprovarem o recolhimento do imposto devido e apresentarem as certidões negativas de débito dos imóveis. O "formal de partilha" deverá ser levado ao Cartório de Imóveis onde o bem está registrado, para que conste o nome do novo proprietário.

Quando um automóvel está no nome de um dos cônjuges e em razão da partilha passa a pertencer ao outro, o novo proprietário deverá providenciar a transferência da propriedade. Para isso, deve preencher o termo de "Autorização para transferência do veículo" existente no verso do Certificado de Registro do Veículo. Esse documento deverá ser apresentado pelo novo proprietário ao DETRAN para que a transferência seja realizada.

CONSULTA

"Na partilha do nosso desquite, meu marido e eu ajustamos que nosso único bem imóvel seria vendido, e o valor arrecadado seria dividido em partes iguais, metade para cada um. Algumas pessoas já se interessaram pela compra, mas meu marido tem se recusado a fechar o negócio. O que posso fazer para resolver a situação?"
Resposta: Com o desquite e a partilha do imóvel, vocês passaram a ser condôminos, ou seja, co-proprietários de um mesmo bem. Assim, você pode entrar com uma ação judicial (ação de dissolução de condomínio) contra ele, pedindo o fim do condomínio entre os desquitados. Por meio dessa ação, o juiz determina a venda do imóvel em leilão, e o dinheiro arrecadado é dividido entre vocês. Além disso, seu ex-marido será condenado a ressarci-la de todas as custas que você teve de pagar para dar entrada no processo.

"Minha mulher e eu estamos fazendo nosso desquite amigável. Ela me disse que todos os bens adquiridos com o dinheiro do trabalho dela não entram na partilha. Isso é verdade?"
Resposta: A mulher que é casada pelo regime da comunhão total ou parcial de bens, trabalha fora de casa e compra bens (carro, imóvel, etc.) com o dinheiro do próprio trabalho, tem o que a lei denomina de "bens reservados". Esses bens passam a pertencer somente a mulher, que possui o direito de administrá-los como bem lhe aprouver. Na hora do desquite ou divórcio, os bens reservados não entram na partilha e, em caso de morte da mulher, vão diretamente para os filhos.
A instituição dos "bens reservados" foi criada pelo Estatuto da Mulher Casada (Lei Federal n.º 4.121, de 27/08/1962), tendo por finalidade a proteção da esposa, que, diante do marido, estava sempre em condição econômica inferior.
Importante: atualmente, alguns juristas entendem que não existe mais justificativa para se manter o direito aos "bens reservados", porque a Constituição Federal de 1988 igualou os direitos entre marido e mulher, e também porque, nos últimos anos, a mulher ingressou no mercado de trabalho em pé de igualdade com o homem. Só que a maioria dos tribunais continua reconhecendo como válido o direito aos "bens reservados". Em síntese: a mulher casada, ainda que pelo regime da comunhão universal ou parcial de bens, que provar que comprou algum bem utilizando apenas o dinheiro ganho com seu trabalho pode exigir na Justiça – com mais de 50% de chance de êxito – que o bem seja considerado bem reservado e, portanto, um bem só seu, que não

deve entrar no conjunto dos bens comuns a serem partilhados por ocasião do desquite ou divórcio. O novo Código Civil, que entrará em vigor em 11 de janeiro de 2003, acaba com o instituto dos bens reservados..

"Quando eu ainda era casado, ajuizei um processo trabalhista contra a empresa onde trabalhava. Depois do desquite, ganhei a ação e investi o valor da indenização na compra de um imóvel. Minha ex-mulher ficou sabendo disso e agora anda me dizendo que metade da indenização trabalhista era dela, porque quando dei entrada com o processo na Justiça do Trabalho ainda éramos casados sob o regime de comunhão universal de bens. Ela tem esse direito?"

Resposta: Não. É que, embora um bem adquirido durante o casamento pelo regime de comunhão universal, com fruto do trabalho, deva ser partilhado, você comprou o imóvel depois de desquitado, e não deve dividi-lo com sua ex-mulher.

Para você compreender melhor o assunto, veja o que segue. Pela lei, os rendimentos obtidos em razão do trabalho não entram na partilha de bens no caso da comunhão universal. Porém, se o dinheiro, fruto da atividade profissional, for utilizado para a compra de algum bem durante o casamento, o bem entra no patrimônio comum do casal e deve ser dividido entre os cônjuges no momento do desquite. Só que, pelo que foi dito na resposta da consulta anterior, sobre os bens reservados da mulher, no caso de frutos de trabalho da esposa, o bem adquirido por ela, ainda que na constância do casamento pelo regime da comunhão universal, não será dividido com o marido. Ficou claro? Se, durante o casamento (comunhão universal), ele recebe um dinheiro do seu trabalho e compra um imóvel, este imóvel deve ser partilhado. Mas se a compra, na mesma situação, for feita por ela, com frutos do seu trabalho, o bem é só dela. Tratamento diferenciado? Exatamente – enquanto estiver em vigor o direito aos bens reservados.

"Sou casada pelo regime da comunhão parcial de bens. Juntei um dinheiro fruto do meu trabalho e estou para me desquitar. Se depois do desquite eu comprar um imóvel, meu marido pode reivindicar a metade do bem?"

Resposta: Não. Também no regime da comunhão parcial de bens, considerando-se o que foi dito acima sobre os bens reservados, o dinheiro que você ganhou durante o casamento, assim como o bem adquirido com ele, antes ou depois do casamento, constitui um direito exclusivamente seu.

Se fosse o seu marido que estivesse formulando esta consulta, a resposta seria outra. Isto porque, no caso da comunhão parcial, o fruto do trabalho dele entra no patrimônio comum. Portanto, um bem adquirido durante ou depois do casamento deve ser partilhado. O mesmo não ocorre com você, como foi dito acima.

Mas vale lembrar que, com o novo Código Civil, que entra em vigor a partir de janeiro de 2003, vão ocorrer importantes mudanças. A primeira delas é que deixam de existir os bens reservados, e a segunda é que, seja o casamento por comunhão universal ou parcial de bens, o dinheiro fruto do trabalho dele ou dela é direito exclusivo de cada um e não integra o patrimônio comum do casal.

"Ouvi dizer que, com a entrada em vigor do novo Código Civil, o que eu ganhar com meu trabalho, bem como meu marido com o dele, não entra na formação do nosso patrimônio comum. Então, se cada um puder fazer o que quiser com o dinheiro, a segurança da família não vai estar em risco?"
Resposta: Antes de mais nada, urge esclarecer que, embora o fruto pertença individualmente a cada um dos cônjuges, ambos têm o dever infalível de, em primeiro lugar, usar o dinheiro ganho para atender a todas as despesas do lar, entre elas às relativas a educação, saúde, lazer, prestação da habitação do casal, prestação de algum bem que tenham comprado de comum acordo, etc. Só depois de quitadas todas essas despesas – e se houver sobra – é que surgiria a preocupação da sua consulta. Certo? E é momento de mais um esclarecimento relevante. O que for adquirido com a sobra referida integra o patrimônio do casal. Ficou claro? Cada um é dono do ganho do próprio trabalho, mas, se comprar clgum bem (depois de pagas as despesas do lar), este será um bem comum. E nem se pense em deixar de comprar algum bem para evitar que este seja partilhado com o cônjuge – preferindo-se esbanjar e gastar o dinheiro com o que quiser. Isto porque, o fato de a lei colocar o fruto do trabalho como propriedade individual de cada um dos cônjuges não significa um total descompromisso com a segurança e o futuro da família. Por exemplo, um cônjuge não pode, com o "seu" dinheiro, bancar farras freqüentes dos amigos ou detonar o numerário com manifestas inutilidades ou generosidades. Por outro lado, sendo "seu" o fruto do trabalho, um cônjuge não precisa pedir autorização ao outro para fazer moderadas doações ou empréstimos, ajudar alguém, investir em sua profissão, escolher um determinado bem que pretenda adquirir, ajudar a família (pais, irmãos, avós ou parentes próximos).

"No acordo do desquite, minha mulher e eu partilhamos o único bem imóvel que possuíamos, um apartamento, da seguinte maneira: o imóvel ficaria pertencendo aos dois em partes iguais (50% para cada um) e o bem seria colocado à venda. Ajustamos ainda que, enquanto o apartamento não fosse vendido, ela continuaria morando nele desde que pagasse a taxa de condomínio. Só que minha ex-mulher não cumpriu o acordo e, para piorar a situação, recebi em meu nome uma notificação da administradora do prédio, cobrando todo o débito. Sou obrigado a pagar toda a dívida sozinho?"
Resposta: O condomínio pode cobrar o débito de qualquer um dos co-proprietários do apartamento. Se o condomínio ajuizar uma ação de cobrança só contra você, não existe escapatória. Mas, se você pagar o débito, pode cobrar dela o dinheiro desembolsado com base no acordo. Se ela não quiser pagar amigavelmente, você pode ajuizar uma ação contra ela e pedir a penhora da parte dela do apartamento para garantir o pagamento.

"Na partilha de bens que eu e meu ex-marido fizemos, a casa onde residíamos ficou para mim e ele ficou com outros bens. Só que ele ainda não saiu do imóvel e está dizendo que não vai sair de jeito nenhum. O que posso fazer?"

Resposta: Você pode entrar com uma "ação de reintegração de posse" contra seu ex-marido. Essa medida judicial costuma ser proposta toda vez que uma pessoa perde a posse de um imóvel injustamente. Como na separação ficou ajustado que você passou a ser a proprietária exclusiva do imóvel, a permanência de seu ex-marido lá é ilegal. Você deve entrar com o processo dentro do prazo de um ano e um dia da data da homologação do desquite na Justiça, para que possa obter a retomada do imóvel rapidamente, por meio de uma decisão que é concedida pelo juiz no início do processo – a liminar. Se você deixar passar esse prazo, não terá direito à liminar, e seu ex-marido poderá ficar no imóvel até o julgamento do processo, que pode demorar alguns anos.

"Antes do casamento, adquiri em meu nome um imóvel junto à Caixa Econômica Federal, mediante financiamento regido pelo Sistema Financeiro da Habitação pelo prazo de vinte anos. Minha mulher e eu nos casamos sob o regime de comunhão parcial de bens e agora decidimos nos desquitar. Gostaria de saber se o imóvel deve ser partilhado, já que vou continuar pagando as futuras prestações do financiamento."

Resposta: O imóvel adquirido por um dos cônjuges antes do casamento não entra na comunhão de bens do casal. Porém, como parte das prestações foram quitadas durante o casamento, sua mulher terá direito à metade dos valores dessas prestações, caso tenha contribuído direta ou indiretamente para esses pagamentos. Por exemplo: ela terá esse direito se arcou com parte dos valores das prestações ou assumiu outras despesas domésticas, desonerando-o dessa obrigações e permitindo que você arcasse sozinho com as prestações do financiamento.

Reconciliação

O casal que se desquitou de forma amigável pode se arrepender do desquite que já foi decretado pelo juiz e desfazer tudo o que foi assinado – é como se dessem o dito pelo não dito. E o desfazimento pode ocorrer a qualquer tempo – até mesmo um mês depois que o desquite foi decretado pela Justiça. O procedimento para desfazer o desquite é muito simples, não sendo obrigatória a participação de advogado. Basta que os desquitados redijam e assinem um requerimento ao mesmo juiz que decretou o desquite, informando seu desejo de voltarem à condição de casados. Mas caso os desquitados optem por constituir um advogado para redigir uma petição e apresentar o pedido à Justiça, é necessário que ele tenha poderes especiais para requerer a reconciliação, os quais, portanto, devem constar da procuração que lhe for outorgada.

Depois de ouvir o promotor de justiça, o juiz homologa a reconciliação, revogando todos os itens do desquite e restabelecendo o casamento, com todos os direitos e obrigações que existiam antes. Juridicamente, é como se nada tivesse acontecido com o casamento.

O juiz (ou o promotor de justiça) não pode interferir nem impor condições ao pedido de reconciliação formulado pelos cônjuges. Só pode se negar a acolher o pedido se verificar que o desquite decretado anteriormente ainda não foi comunicado ao Cartório de Registro Civil onde foi celebrado o casamento. Mas, como se trata de uma mera formalidade que pode ser resolvida rapidamente, o pedido de reconciliação não costuma enfrentar percalços.

Conseqüências da reconciliação

Com a reconciliação, a mulher não pode continuar usando o nome de solteira e deve voltar a usar o sobrenome de casada. O acordo sobre a partilha dos bens fica sem validade, inclusive a promessa de doação de bens, e o regime de bens continua sendo o da celebração do casamento.

Caso um dos cônjuges tenha vendido um imóvel que recebeu na partilha, a venda fica mantida, sem qualquer prejuízo à pessoa que comprou o imóvel. E se na partilha de bens os cônjuges doaram bens imóveis aos filhos menores, essa doação também é mantida mesmo depois da reconciliação.

Quanto à pensão alimentícia, a obrigação de prestá-la aos filhos e à ex-mulher também é desfeita.

A reconciliação deverá ser comunicada ao Cartório de Registro Civil onde ocorreu o casamento e foi registrado o desquite, para que se proceda a mais um registro: o da reconciliação. A reconciliação também deverá ser formalmente comunicada ao Cartório de Imóveis onde o "formal de partilha" foi registrado, para que a partilha de bens fique sem efeito.

CONSULTA

"Eu e meu marido fizemos o desquite e, passados alguns anos, fizemos uma reconciliação por conta própria, sem formalizar a situação na Justiça. Durante nossa vida de reconciliados, adquirimos um imóvel, que está em nome do meu ex-marido. Como a experiência não está dando muito certo, pensamos em nos separar novamente. Como fica a partilha do imóvel?"

Resposta: Legalmente, vocês ainda estão desquitados. A Justiça entende que os desquitados que voltaram a morar sob o mesmo teto e não restabeleceram o casamento judicialmente vivem como se fossem companheiros (em concubinato). Mesmo assim, você tem direito à metade do imóvel, porque a Justiça reconhece esse direito à ex-companheira, desde que ela demonstre que a formação do patrimônio resultou do esforço comum, com a sua colaboração. Essa colaboração tanto pode ser em dinheiro, como em trabalho doméstico ou na forma de afeto, estímulo e amparo psicológico. Se você não chegar a um acordo com seu ex-marido quanto à divisão do imóvel, poderá ajuizar uma ação contra ele para obter o reconhecimento da vida em comum e o direito à partilha.

Troca de documentos

Depois do desquite, caso a mulher queira voltar a usar o nome de solteira, deverá enfrentar a burocracia para trocar a carteira de identidade – RG, a Carteira Nacional de Habilitação – CNH, o cadastro de pessoa física – CPF, a carteira de trabalho, o título de eleitor e o passaporte.

Para tirar uma nova via da carteira de identidade, a mulher deve se dirigir à delegacia de polícia mais próxima da sua residência, que pertence à Secretaria de Segurança Pública do Estado, responsável pela emissão do documento.

A segunda via (já atualizada) da carteira de motorista é emitida pelo Departamento Estadual de Trânsito – DETRAN ou pela Circunscrição Regional de Trânsito – CIRETRAN, que corresponde ao Detran no interior de cada Estado.

Para alterar o CPF, a mulher terá de informar a mudança do nome para alteração de seus dados cadastrais na Receita Federal. Para isso, basta que ela preencha um formulário existente nas agências da Caixa Econômica Federal, do Banco do Brasil ou dos Correios. E se durante o casamento a mulher usava o CPF do marido, será obrigada a tirar o seu próprio CPF.

Na carteira de trabalho, a mudança de nome e de estado civil é realizada nas Delegacias do Trabalho existentes nas cidades, mediante a apresentação da certidão de casamento atualizada. A alteração é feita com uma simples anotação na própria carteira, sem que seja necessário emitir uma segunda via do documento.

Quanto ao título de eleitor, a mulher deverá solicitar uma segunda via, que é emitida pelo cartório eleitoral responsável pela zona eleitoral onde ela está inscrita (o número da zona eleitoral consta no próprio título).

Se a mulher tiver passaporte, a alteração do nome é feita mediante a solicitação da segunda via do documento na sede ou nos postos da Polícia Federal existentes nas capitais, ou nas delegacias da Polícia Federal que existem nas cidades do interior dos Estados.

Mas a mulher, antes de tudo, deverá atualizar sua certidão de casamento no Cartório de Registro Civil onde foi celebrado o casamento, para que fique anotada a realização do desquite. Isso porque a apresentação desse documento perante os referidos órgãos públicos será sempre necessária para comprovar a mudança do nome. E, antes de se dirigir a qualquer um desses órgãos, recomenda-se à mulher que busque informações (por telefone, nas listas telefônicas ou até pessoalmente) sobre a necessidade de apresentar outros documentos, além da certidão de casamento atualizada, necessários para a emissão da segunda via do documento a ser alterado (foto 3x4, comprovante de endereço, etc.), ou sobre a obrigatoriedade de pagar alguma taxa.

> **FIQUE ATENTO!**
> Antes de se casar, a mulher deve avaliar muito bem se o uso do sobrenome do marido será uma boa opção. A mulher que já é reconhecida profissionalmente pelo nome de solteira deve se perguntar se a opção pelo nome de casada não lhe será prejudicial. Além disso, ela não pode esquecer que, depois do casamento, terá de providenciar a troca de todos os seus documentos pessoais para que seja feita a alteração do seu nome de solteira para o de casada. Ademais, a mulher que construiu toda a sua vida profissional usando o nome de casada poderá ser obrigada a voltar a usar o nome de solteira caso seja a culpada pelo fim do casamento num futuro processo de desquite litigioso.

Mudanças depois do desquite

Os ex-cônjuges podem, de comum acordo, alterar alguns itens do desquite que já foi homologado pela Justiça. É o caso, por exemplo, dos desquitados que resolvem mudar a forma de visita aos filhos, o valor da pensão alimentícia ou até mesmo a guarda dos filhos. As alterações devem ser solicitadas ao juiz por meio de petição apresentada por advogado.

Se um dos desquitados não concordar com as alterações propostas pelo ex-cônjuge, deve entrar com uma ação judicial contra o ex-marido ou a ex-mulher e demonstrar as razões das mudanças pretendidas. Se, por exemplo, quiser receber um valor maior a título de pensão alimentícia, terá de ajuizar uma "ação revisional de alimentos" e provar a necessidade do aumento.

Aquilo que foi estipulado em relação à partilha dos bens não pode ser modificado. Se alguns dos desquitados se sentir prejudicado com a partilha de bens feita no desquite e quiser mudar o que foi estabelecido, terá de ajuizar uma "ação anulatória de partilha" para obter a anulação da partilha e uma nova divisão dos bens.

Como não há impedimento a que os cônjuges estabeleçam partilha desigual, a Justiça costuma ser rigorosa na análise dos motivos apresentados para decretar a anulação da partilha dos bens. Assim, o cônjuge prejudicado deverá apresentar ao juiz um motivo muito grave e prová-lo cabalmente para obter êxito no pedido de anulação.

A Justiça já decretou a anulação de partilha quando a ex-mulher provou que foi coagida pelo marido a aceitar os termos da partilha. Em outro caso, a Justiça anulou uma partilha porque, na época do desquite, a mulher estava em tratamento psiquiátrico e o marido, aproveitando-se dessa situação, fez uma divisão vantajosa para ele. Nesse caso, a Justiça entendeu que a mulher não teve condições psíquicas e discernimento suficiente para deliberar sobre a partilha.

O cônjuge poderá também alegar que foi induzido a erro. Foi esse o caso da mulher que abriu mão de parte dos bens a que tinha direito em benefício do marido porque ele se responsabilizou por dívidas que na verdade eram bem menores do ele que havia declarado, ou do marido que ficou com um imóvel que ele tinha avaliado a preço bem inferior ao valor de mercado, enganando a esposa. Mas o caso mais comum é aquele em que o cônjuge esconde determinados bens para não dividi-los com o outro.

Atenção: o prazo para entrar com a ação anulatória de partilha é de quatro anos contados da data da homologação do desquite.

DESQUITE LITIGIOSO

"Ele quer o desquite, mas eu não vou dar". Você já deve der ouvido essa frase, pois ela não é incomum quando há desavença familiar. A recusa faz sentido. Um cônjuge pode se negar a concordar com o pedido de desquite do outro. Só que a última palavra quem dá é a Justiça. Se o cônjuge que pretende se desquitar provar que há um justo motivo, o juiz decreta o desquite contra a vontade daquele que não quer se desquitar. Mas atenção: o cônjuge que pretende exigir o desquite (o que também é um direito seu) vai ter de suar para demonstrar que seu pedido é justo, ou seja, que se enquadra numa das hipóteses previstas na lei. E nesse caso, o cônjuge que quer o desquite deve entrar na Justiça com um processo que se chama "ação de separação judicial litigiosa" (desquite litigioso).

Certa vez, um marido, consultando um advogado, disse que o clima em casa estava péssimo e queria entrar na Justiça com um processo de desquite litigioso. Informou que a mulher tinha um gênio muito forte e que as brigas tinham começado quando ele se recusou a mudar os filhos para um determinado colégio, porque não queria que eles estudassem numa escola de grã-finos, de gente metida. Só que o consulente ouviu o que não queria. O advogado informou que os problemas mencionados pertencem ao rol das pequenas questões domésticas, que não dão direito ao desquite litigioso São meros desentendimentos, incompatibilidade de gênios, discussões por falta de dinheiro, sobre a educação dos filhos menores, briga com parentes, etc.

E o advogado aproveitou para deixar bem claro que o desquite litigioso só tem lugar diante de fatos que caracterizem conduta desonrosa ou grave violação dos deveres do casamento.

Veja a seguir as situações que dão direito a um desquite litigioso.

Conduta desonrosa

Fica caracterizada a conduta desonrosa quando um dos cônjuges teve um mau comportamento que afeta a boa fama, o prestígio, a honra, a dignidade do outro cônjuge perante o ambiente social que eles freqüentam (família, vizinhança, ambiente de trabalho, amigos, etc.). São exemplos de conduta desonrosa a prática de crime ou contravenções penais, embriaguez contumaz, uso de drogas, vício do jogo, ridicularização do cônjuge em público, homossexualismo, lesbianismo, etc.

Vale dizer que não é a prática de qualquer crime que configura justa causa para o desquite litigioso. Isso porque às vezes um crime é praticado sem a intenção de prejudicar alguém, como os crimes culposos, cometidos por negligência, imprudência ou imperícia. É o caso do marido ou da mulher que, por falta de atenção ou porque estava em velocidade acima da permitida, causa um acidente de trânsito com vítimas de lesão corporal.

No entanto, se um dos cônjuges pratica o crime de estelionato, por exemplo, que é um crime doloso, ou seja, praticado com a deliberada intenção de enganar a vítima para obter algum proveito econômico, aí, sim, existe justa causa para o outro dar entrada no desquite litigioso.

No caso de crimes ou contravenções penais, nem é preciso esperar a condenação definitiva do cônjuge pela Justiça Criminal para dar entrada no desquite litigioso, porque a simples prática do delito já configura conduta desonrosa.

CONSULTA

"Minha mulher me viu saindo junto com uns amigos de uma casa noturna famosa pelos shows de strip-tease e de sexo explícito. Ela pode pedir o desquite litigioso na Justiça por causa disso?"
Resposta: Caso ela consiga provar que você visita ou costuma visitar assiduamente esse estabelecimento, estará caracterizada a conduta desonrosa, que é uma das causas que justifica a decretação do desquite. Ela poderá dizer que ficou ofendida com seu comportamento, e que a imagem dela como esposa também ficou abalada perante o meio social que vocês freqüentam. E mais: ela pode dizer que você está dando mau exemplo para os filhos.

"Minha mulher costuma mexer nas minhas coisas à procura de alguma prova da minha suposta infidelidade, e uma vez já brigou comigo em público por causa de ciúmes. Isso é motivo para um desquite litigioso?"
Resposta: Se sua mulher começar a ter ataques de ciúmes em público constantemente, na frente de vizinhos e amigos, utilizando palavras de baixo calão a ponto de causar inúmeros escândalos e situações vexatórias para você, tornando insuportável o convívio no lar, isso pode configurar "conduta desonrosa", que é justa causa para o desquite. No entanto, se o ciúme de sua mulher for esporádico e não lhe causar grandes problemas, entende-se que esse tipo de comportamento é corriqueiro em qualquer casamento.

"Meu marido emitiu vários cheques sem fundos e está cheio de dívidas. Já recebemos cartas de cobrança, intimação do cartório de protestos, notificação do SPC, etc. Posso pedir o desquite por causa disso?"
Resposta: A simples emissão de cheques sem fundos e a existência de dívidas não justificam um desquite litigioso, principalmente se seu marido vem passando por dificuldades financeiras em razão de desemprego. A Justiça só tem considerado "conduta desonrosa" um ato cometido de má fé, por exemplo, quando um cônjuge dá um calote na praça, causando constrangimentos e denegrindo a reputação da família.

Violação dos deveres do casamento

A lei estabelece que, durante o casamento, marido e mulher têm os seguintes deveres em relação ao outro: fidelidade recíproca, assistência mútua, assistência moral, vida em comum no mesmo domicílio e respeito mútuo. A violação de qualquer um desses deveres constitui justa causa para o desquite litigioso. Vejamos.

Quebra do dever de fidelidade

O dever de fidelidade é um dos principais deveres do marido e da mulher durante o casamento. A quebra desse dever ocorre com a prática do adultério, quando um dos cônjuges se relaciona sexualmente com outra pessoa fora do casamento, podendo a terceira pessoa ser ou não casada.

Em que pese existir projeto de lei para extinguir o crime de adultério, ele ainda continua previsto como crime pelo Código Penal. Respondem pelo delito o cônjuge adúltero e seu parceiro ou parceira. Não há crime se a mulher ou o marido cometer a traição com pessoa do mesmo sexo. Só há crime entre pessoas de sexos diferentes. Se alguém que tem um caso com uma pessoa casada não sabia desse fato, não responde pelo delito, já que estava sendo enganada.

Os cônjuges separados de fato, mas que ainda não se desquitaram nem se divorciaram, também podem ser processados por adultério caso mantenham relação sexual com terceira pessoa. Mas, nesse caso, o juiz não aplicará a punição. Haverá o que se chama de perdão judicial quanto à punição da Justiça Criminal. Mas, como o ritual de um processo é sempre um desgaste pessoal e financeiro para o réu, é aconselhável que você tome as seguintes precauções caso esteja separado de fato: a) Veja se seu ex-cônjuge é capaz de compreender suas eventuais necessidades emocionais e afetivas. Em caso positivo, é provável que você esteja livre de algum processo por adultério se vier a ter um caso afetivo. b) Caso você não tenha total confiança de que a pessoa de quem você está separado de fato é capaz dessa compreensão,

> **FIQUE ATENTO!**
> A lei estabelece que marido e mulher têm o dever de criação, guarda e educação dos filhos. O pai ou a mãe que descumprir qualquer um desses deveres em relação aos filhos estará praticando uma infração que também justifica o pedido de desquite litigioso.

é melhor providenciar logo a legalização da separação ou manter discrição em suas relações afetivas.

A pena para o crime de adultério varia de quinze dias a seis meses de prisão. Trata-se de um crime de ação penal privada. Isso significa que os acusados só podem ser processados se o cônjuge traído tomar a iniciativa de dar entrada na ação na Justiça Criminal. Como poucas vítimas sabem que o prazo para dar entrada no processo é de trinta dias contados do conhecimento do delito, acabam não tomando essa providência a tempo e perdem a oportunidade de processar o cônjuge infiel criminalmente.

Para configurar o crime de adultério, é preciso que os parceiros sejam flagrados em pleno ato sexual? A maioria dos juízes entende que a relação sexual do cônjuge com terceira pessoa é requisito essencial para configurar o delito. A minoria, mais rigorosa, entende que basta a prática de qualquer ato preparatório, como beijos e abraços ardentes, que indiquem um clima de *affair*, para caracterizar a prática do crime.

Mas, mesmo que não fique caracterizado o crime de adultério por ausência de relacionamento sexual, a simples conduta do cônjuge que revele desejo sexual, intimidade ou afeição excessiva por terceira pessoa (quase-adultério) pode configurar "conduta desonrosa", pois ofende a honra e a auto-estima do outro cônjuge e a dignidade da família, podendo até gerar comentários no ambiente freqüentado pelo casal. É o caso, por exemplo, do marido que é visto trocando carícias ou em clima de mútua sedução com outra mulher em público. Troca de olhares lascivos insistentes, ou até de bilhetes, entre quaisquer dos cônjuges e terceiras pessoas, de forma a abalar emocionalmente ou expor a vexame público o cônjuge "traído", também pode caracterizar conduta desonrosa.

CONSULTA

"Há uns dez anos, meu marido arrumou uma amante. Na época, ele até saiu de casa para viver com ela, mas, alguns meses depois, terminou o relacionamento extraconjugal e voltou para casa. Depois do acontecido, resolvemos colocar uma pedra no assunto e nunca mais falamos sobre isso. Ultimamente, decidimos nos separar e não estamos conseguindo chegar a um acordo para um desquite amigável. Posso alegar o adultério do meu marido para justificar o processo de desquite litigioso?"

Resposta: Você deveria ter tomado essa providência na época dos acontecimentos, e seu marido poderia até ter sido condenado criminalmente. Agora a alegação não pode ser mais feita, porque, pela lei, você o perdoou. Explico: você pode até não ter dito a seu marido que o perdoava pelo adultério e pelo abandono do lar, mas o fato de ele ter voltado para casa sem sua oposição, tendo você passado a conviver maritalmente com ele como se nada tivesse acontecido, configura o que a lei denomina de "perdão tácito".

"Minha mulher anda comentando que está apaixonada por outro homem. Posso dar entrada no processo de desquite alegando adultério?"

Resposta: Só o fato de sua mulher dizer a outras pessoas que está apaixonada por outro homem não configura adultério, a não ser que você tenha provas de que ela está tendo um caso com ele. Mas se ela não esconde que está apaixonada por outra pessoa, fazendo com que você seja alvo de comentários constrangedores perante parentes ou amigos, pode estar configurada a "conduta desonrosa", que também é justa causa para o desquite litigioso.

"Meu marido não me disse nada, mas soube que ele andou saindo com uma colega de trabalho. Depois disso, também arrumei um amante. Agora, ele descobriu e me disse que vai pedir o desquite na Justiça alegando que cometi adultério. Posso ser responsabilizada pela separação?"

Resposta: Não é porque um dos cônjuges violou o dever de fidelidade que o outro também pode fazer o mesmo. Perante à Justiça, cada um responde pelos seus atos e não vale o argumento da "compensação de culpas". Se o seu marido tomar a iniciativa de dar entrada com o processo de desquite, você pode alegar que ele também cometeu adultério. O juiz não vai isentá-la de culpa por causa disso, mas ambos serão responsabilizados pelo fim do casamento (culpa recíproca). É claro que as alegações de cada um dos cônjuges só poderão ser aceitas se acompanhadas de provas.

"Outro dia, de madrugada, peguei meu marido comunicando-se com uma mulher pela internet. Eles estavam numa sala de bate-papo. Posso pedir o desquite alegando adultério?

Resposta: A troca freqüente de mensagens amorosas pela internet e até mesmo a prática de "sexo virtual" não chegam a caracterizar o crime de adultério. Isso porque, nesses casos, sequer houve contato físico entre os envolvidos. O ato não configura crime – a definição legal do que configura um crime é sempre mais rigorosa. Mas as intimidades (e sexo) virtuais podem caracterizar "conduta desonrosa" para fins de desquite, porque acaba atacando a honra e a auto-estima do outro cônjuge.

Falta de assistência mútua

Outro dever do casamento é o de mútua assistência. Esse dever compreende tanto a assistência material quanto a assistência moral.

O dever de assistência material é a obrigação que têm ambos os cônjuges de contribuir para o sustento da casa, segundo os rendimentos de cada um.

Quando um cônjuge sustenta o outro e, sem justificativa, deixa de lhe fornecer os meios estritamente necessários à subsistência, quais sejam, alimentação, vestuário, remédios e moradia, além de poder ser responsabilizado pelo desquite litigioso e condenado ao pagamento de pensão alimentícia, também estará cometendo o crime de abandono material. Mas, para que esse abandono configure crime, precisa ficar claro que o cônjuge prejudicado não tem meios próprios de subsistência, seja porque está desempregado, seja porque tem a função de somente cuidar do lar ou por qualquer outro motivo. Por outro lado, se o cônjuge que está sendo acusado de abandono material demonstrar que deixou de prover o sustento da casa porque está impossibilitado – por dificuldades econômicas, porque está fisicamente inválido para trabalhar, etc. –, ele não será processado.

Para processar o cônjuge por crime de abandono material, basta que o cônjuge prejudicado apresente uma reclamação, verbal ou escrita, à polícia ou ao promotor de justiça. A pena para esse crime varia de um a quatro anos de prisão, mais multa, cujo valor pode ser de uma a dez vezes o salário mínimo vigente no país.

Se, durante o processo, marido e mulher fazem as pazes e voltam a morar juntos, a ação se encerra e não ocorre a punição do acusado.

Falta de assistência moral

Além da assistência material, os cônjuges também têm o dever de prestar assistência moral um ao outro. Isso significa que um cônjuge deverá amparar o outro em caso de doença, oferecer-lhe o ombro amigo nos momentos de tristeza, solidarizar-se sempre com ele, etc. Uma esposa entrou com o pedido de desquite litigioso, alegando, entre outras violações dos deveres do casamento, o descumprimento de assistência moral por parte do marido, que a tratava com menosprezo, recusando-se ao diálogo e a compartilhar seus sentimentos. Ao apresentar sua defesa, o marido argumentou que sempre presenteava a mulher com dinheiro, carros e jóias, o que demonstrava seu cuidado com ela. O Tribunal de Justiça de Santa Catarina, onde o pedido de desquite foi julgado, deu ganho de causa à mulher. Segundo a decisão desse tribunal, a assistência não se resume a proporcionar ao cônjuge apenas bens materiais. O casamento implica estar presente física e espiritualmente na vida do companheiro, como ato de amor, amizade e solidariedade, coisas que o marido não oferecia à mulher, revelando seu desinteresse por ela.

CONSULTA

"Minha mulher converteu-se a uma seita religiosa contra minha vontade. Agora, não muda de assunto e dedica-se mais à Igreja do que à própria casa. Já conversei com ela sobre o assunto e até propus um desquite amigável. Mas ela não quis nem saber. Posso pedir o desquite litigioso?"

Resposta: O simples fato de sua mulher ter se convertido a uma religião que você não aceita não é motivo para o desquite, mesmo porque qualquer pessoa tem o direito de escolher a religião que bem entender. Mas se sua mulher está se dedicando à nova religião de maneira doentia, a ponto de ficar mais na Igreja do que em casa, descuidando-se totalmente dos trabalhos domésticos, do marido e dos filhos, a atitude dela configura violação aos deveres de mútua assistência e aí, sim, existe justa causa para um desquite litigioso.

Violação do dever de convivência

O dever de convivência obriga marido e mulher a viverem na mesma residência. Mas não é só isso. Implica também a obrigação de terem uma vida em comum, isto é, de dividirem o mesmo leito, manterem relações sexuais, tomarem juntos as refeições, conversarem, etc.

Portanto, o abandono do lar não é a única hipótese de quebra do dever de convivência. O cônjuge que se mostra completamente desinteressado pela vida conjugal, até mesmo sexualmente, viola o dever de convivência e está sujeito a ser condenado no processo de desquite como responsável pela separação do casal.

Quanto ao abandono do lar, vale dizer que, de acordo com o novo Código Civil, que entra em vigor em 11 de janeiro de 2003, o cônjuge só será culpado pela quebra do dever de convivência, por abandono do lar, se, por vontade própria, ficar durante um ano contínuo fora da residência comum.

CONSULTA

"Na última discussão que tive com minha mulher, resolvi sair de casa para esfriar a cabeça. Fiquei o fim de semana na casa do meu irmão. Quando voltei para casa na segunda-feira, não consegui entrar porque minha mulher havia trocado a fechadura. Ela me disse que vai entrar com pedido de desquite alegando abandono do lar. Ela pode fazer isso?"

Resposta: Para configurar abandono do lar é necessário demonstrar que o cônjuge saiu de casa com o propósito de romper definitivamente os laços conjugais. Como você se afastou temporariamente e não teve essa intenção, não ficou caracterizado o abandono. Sua mulher é que pode ser responsabilizada pelo desquite. Como ela o expulsou de casa sem qualquer motivo plausível, ela é que infringiu o dever de convivência, que é motivo para pedir o desquite na Justiça.

Quebra do dever de respeito mútuo

Marido e mulher devem se respeitar mutuamente. Viola o dever de respeito o cônjuge que agride fisicamente o outro (sevícia) com socos, tapas, empurrões, etc.

Vale dizer que a Justiça não tem aceitado justificativas para as agressões físicas. Em determinado processo de desquite litigioso, um marido que havia agredido a esposa defendeu-se da acusação alegando que a mulher o havia traído. O Tribunal de Justiça do Rio Grande do Sul, que analisou o caso, deu ganho de causa à mulher e decretou o desquite por culpa do marido, entendendo que "o marido não tem o direito de bater na mulher, nem mesmo quando ela lhe é infiel". Segundo o mesmo tribunal, o marido, ao tomar conhecimento da traição da esposa, deveria ter pedido o desquite em razão da infidelidade dela. Essa seria a reação correta. Em outro caso, o marido justificou as agressões alegando que estava passando por momentos difíceis no trabalho e que o ato fora praticado num momento de descontrole emocional. O Tribunal de Justiça de São Paulo não acolheu as razões do marido e decidiu que "a mulher não pode ser transformada em objeto passivo do desafogo da raiva e da incontinência do gênio do marido nos momentos de contrariedade como se fosse um animal doméstico incômodo, porque nem os animais merecem esse tratamento".

Também comete infração ao dever de respeito o cônjuge que ofende a honra, a dignidade ou a moral do outro por meio de palavras ou atos (injúria grave). É o caso, por exemplo, do marido que chama a mulher injustamente de adúltera e da mulher que chama o marido de pederasta ou de viciado em drogas. A Justiça já considerou como atos ofensivos à dignidade o marido constranger a esposa a praticar sexo anal contra a vontade dela, incitação à prática de crime, o marido atribuir a gravidez da esposa a outro homem, cusparada no rosto, contagiar o cônjuge com doença sexualmente transmissível, etc.

> **CONSULTA**
>
> *"No meio de um bate-boca, meu marido ficou muito nervoso e acabou me xingando. Posso pedir o desquite litigioso por causa disso?"*
> **Resposta:** A Justiça tem entendido que as ofensas devem ser analisadas caso a caso, levando em conta as circunstâncias nas quais o fato ocorreu, bem como o nível social dos cônjuges, porque certas expressões podem ser profundamente agressivas entre pessoas com grau maior de refinamento social, ou menos agressivas entre pessoas com nível sociocultural mais humilde.
> No seu caso, se o xingamento foi feito no calor da discussão, num desabafo, sem a intenção de humilhá-la, e se as palavras empregadas não são tão graves para o ambiente em que vocês vivem, existe apenas uma grosseria, que não justificaria o pedido de desquite. Importante: ainda que não se utilize palavra notoriamente ofensivas, o grau de agressividade verbal pode ser tão ferino, insistente, dilacerante, a ponto de humilhar e abalar profunda e reiteradamente o cônjuge, o que não condiz com o ambiente minimamente adequado à convivência do casal e dos filhos, sendo mais uma das situações que pode motivar um desquite litigioso.

Indenização ao cônjuge inocente

As causas que justificam o desquite litigioso (conduta desonrosa e violação dos deveres do casamento) também podem fundamentar um pedido de indenização ao cônjuge inocente.

Por exemplo, o cônjuge que foi vítima de maus-tratos e agressões verbais pode, além de pedir o desquite litigioso, entrar com outro processo na Justiça para exigir indenização por danos morais em razão da dor, da vergonha, dos constrangimentos, tristezas e sofrimentos causados.

O valor da indenização por danos morais é arbitrada pelo juiz e pode variar conforme a intensidade do sofrimento pessoal da vítima e a situação social e econômica dos envolvidos no ato de agressão. O valor da indenização por dano moral não deve enriquecer a vítima nem levar à miséria o agressor. Mas deve "pesar no bolso" do ofensor, servindo-lhe como uma punição e como um fator de desestímulo à prática de novas ofensas.

Além do dano moral, o cônjuge que, em razão das agressões físicas, ficar com alguma deformação, como cicatrizes, perda de dentes, etc., pode cobrar indenização por danos estéticos do cônjuge que o agrediu. Pode, ainda, pedir indenização para recompor algum prejuízo econômico, por exemplo, gastos com tratamento médico, remédios e internação em hospital.

Quem pode pedir um desquite litigioso

Apenas o marido ou a mulher pode dar entrada no desquite litigioso na Justiça contra o outro.

Entretanto, se um dos cônjuges sofre de uma doença mental e encontra-se impossibilitado de entrar com a ação de desquite, deve ser representado por um curador nomeado pela Justiça. O curador é a pessoa que assume o encargo de cuidar da pessoa doente e que foi considerada incapaz pela Justiça por meio de um processo de interdição. No processo de interdição, o juiz pode nomear como curador o pai, a mãe, o filho maior ou um irmão do interdito.

A lei também permite que, no processo de interdição, o cônjuge seja nomeado curador do outro cônjuge que está doente. E como fica a situação em caso de separação? Nessa hipótese, o cônjuge que é curador estará impedido de representar o cônjuge doente e terá de ser substituído por outro curador, que terá a função exclusiva de atuar no processo de separação. O novo curador poderá ser o pai, a mãe ou um irmão do cônjuge doente, e esse pedido de substituição é feito no próprio processo que decretou a interdição.

> **CONSULTA**
>
> "Minha mulher e eu estamos discutindo nossa separação. Só que eu não aceito abrir mão de parte dos nossos bens na partilha como ela quer. Por causa disso, ela me disse que vai ajuizar um processo de interdição contra mim. Aliás, ela já anda espalhando para as pessoas que estou sofrendo de doença mental. O que posso fazer?"
> **Resposta:** Ao fazer esses comentários de má fé, sua esposa está tendo uma "conduta desonrosa" e violando o "dever de respeito", o que pode acarretar a decretação do desquite na Justiça, com o reconhecimento da culpa dela pela separação.

Meios de prova

O cônjuge que entrou com o processo de desquite terá de provar as acusações que está fazendo contra o outro. Se as provas apresentadas não forem convincentes, o juiz não decretará o desquite e julgará a ação improcedente. O cônjuge que está sendo processado, por sua vez, terá de provar que as acusações que lhe são feitas não são verdadeiras. Se ele não conseguir provar de forma convincente sua inocência, o juiz decretará o desquite, responsabilizando-o pela separação. Quem perde a ação de desquite litigioso fica obrigado a pagar as despesas do processo, mais honorários para o advogado do ganhador.

Vejamos os principais meios de provas previstos em lei, que ambos os cônjuges poderão utilizar no processo de desquite litigioso.

Depoimento pessoal

O cônjuge poderá requerer ao juiz que o outro compareça em audiência para prestar declarações sobre os fatos que está alegando. A importância do depoimento pessoal é que o cônjuge poderá confessar algum fato que sirva de prova para o juiz julgar o caso. E não há prova melhor do que a confissão de uma das partes. Independentemente de pedido, o juiz também pode determinar o comparecimento dos cônjuges para interrogá-los.

A ordem do juiz constará de um documento que se chama "mandado de intimação". Esse documento será redigido em duas vias e mencionará lugar, dia e hora fixados para o depoimento. Se no dia marcado o cônjuge intimado não comparecer à audiência, o juiz aplicará o que se chama de confissão presumida, ou seja, os fatos alegados contra ele serão considerados presumidamente verdadeiros. A confissão presumida também ocorre quando, apesar de intimado a comparecer à audiência, o cônjuge se recusa a depor.

No entanto, a confissão presumida dos fatos tem validade relativa. Isso quer dizer que o cônjuge que se negou a depor não perderá a ação só por causa disso. O juiz deverá analisar as alegações consideradas presumidamente verdadeiras junto com outros indícios e demais provas existentes no processo. Se depois dessa análise tudo indicar que o cônjuge é culpado, aí, sim, ele decretará o desquite.

Portanto, se você estiver envolvido num desquite litigioso e for intimado a prestar depoimento, tome cuidado para não entregar a causa de mão beijada à sua mulher – ou a seu marido. Você pode perder a causa por falar demais. Em coisas de Justiça, quando não se tem segurança a respeito do que falar, o silêncio vale ouro. O melhor nesses casos é conversar longamente com seu advogado sobre o depoimento que você vai prestar em juízo. Não deixe de cobrar essa indispensável orientação do advogado, para depois não haver surpresa diante das perguntas capciosas que podem surgir na frente do juiz.

Testemunhas

Os cônjuges podem se valer do testemunho de pessoas para demonstrar as alegações que fizeram. Assim, em determinada etapa do processo judicial, os cônjuges poderão indicar ao juiz nome, profissão e endereço das pessoas que serão ouvidas como testemunhas. Cada cônjuge poderá indicar até dez testemunhas.

Mas não é qualquer pessoa que pode ser testemunha num processo judicial. A lei diz que não podem servir de testemunhas pessoas que já foram condenadas por mentir em juízo (crime de falso testemunho), inimigos ou amigos íntimos de alguma das partes, menores de 16 anos, ascendentes (pais, avós, etc.), descendentes (filhos, netos, etc.) e demais parentes de uma das partes até o terceiro grau (irmãos, tios, sobrinhos, etc.).

Acontece que as brigas e desentendimentos de um casal estouram na maioria das vezes na presença de pessoas íntimas ou de parentes mais próximos (pais, irmãos, etc.). Por isso, a Justiça tem entendido que pais ou irmãos do marido ou da mulher, ou ainda os amigos do casal, podem depor no processo de desquite litigioso quando não houver outros meios de prova para o julgamento da causa. Essas pessoas, contudo, serão ouvidas na qualidade de informantes.

A Justiça também tem aceitado o testemunho de criados ou empregados domésticos que trabalham na residência do casal, porque, além de terem conhecimento dos fatos que ocorrem na casa, eles não estão vinculados exclusivamente a um dos cônjuges, e sim aos dois.

Em casos especiais, a Justiça também tem admitido o depoimento dos filhos do casal, desde que tenham no mínimo 12 anos de idade. Porém, os menores serão ouvidos também como informantes.

> **FIQUE ATENTO!**
> O depoimento de quem é mero informante só terá algum valor de prova se o juiz quiser, por sua livre vontade. Não se pode exigir que tal depoimento seja prova de algum fato, como ocorre quando o depoente é testemunha. Além disso, os informantes não assumem o compromisso de dizer a verdade. Logo, também não estão sujeitos ao crime de falso testemunho caso faltem com a verdade em juízo ou omitam algum dado de que tenham conhecimento.

> **CONSULTA**
>
> *"Recebi uma intimação do fórum para prestar depoimento na qualidade de testemunha no processo de desquite do meu vizinho. No documento, consta a obrigação de comparecer em juízo, sob pena de condução forçada. Gostaria de saber se existem outras obrigações para uma testemunha e como devo proceder no depoimento."*
>
> **Resposta.** Além do dever de comparecer em juízo no dia e hora designados, você terá a obrigação de depor e de dizer a verdade para o juiz sobre o que lhe for perguntado. Aliás, antes de depor, você terá de prestar esse compromisso, e o juiz vai adverti-lo de que, se fizer afirmação falsa, calar ou negar a verdade, estará cometendo o crime de falso testemunho, cuja pena varia de um a três anos de prisão e multa.
>
> É muito importante que, antes da audiência, você procure relembrar os fatos que presenciou, tentando ter em mente as pessoas envolvidas no caso, o que cada uma delas disse, como cada uma delas se comportou, o local onde ocorreram os fatos, e qualquer outro detalhe que possa ser importante para o julgamento.
>
> Se lhe for perguntada alguma coisa que você não saiba com segurança, responda claramente: "Isso eu não sei" ou "Isso eu não vi, não presenciei". Em se tratando de alguma coisa de que você tenha se esquecido, responda claramente: "Disso eu não me recordo" ou "Disso não me lembro". Ninguém é obrigado a depor sobre o que não sabe ou sobre fatos de que não se lembra. O importante é mostrar a maior segurança possível ao depor.

Documentos

Documento é toda prova escrita, como, por exemplo, recibos, cartas telegramas, bilhetes, notas fiscais, certidões emitidas por órgãos públicos, etc. Fotografias, filmes e vídeos também servem de prova documental. É o meio de prova usado com mais frequência nos processos judiciais.

Nos processos de separação (e também de divórcio), os documentos mais utilizados são cartas, bilhetes e outros escritos domésticos. Assim, se o marido deixa um bilhete ou uma carta à mulher, informando-a de que está saindo de casa ou ameaçando-a, esse documento poderá ser utilizado por ela para demonstrar a ocorrência de justa causa para o desquite litigioso.

A lei estabelece que a cópia de um documento só vale como original se estiver autenticada. Mas o que acontece se uma pessoa anexar uma cópia sem autenticação? Nesse caso, a cópia poderá ser impugnada e o original terá de ser anexado ao processo para conferência. Se não houver impugnação, a autenticidade do documento será presumidamente aceita.

> **CONSULTA**
>
> *"Antes de sair de casa, meu marido pegou todos os documentos que revelam nossa situação financeira: escritura dos imóveis, extratos bancários, declarações de imposto de renda, holleriths, etc. O que devo fazer para comprovar a existência de bens a serem partilhados e o valor do salário dele para calcular a pensão alimentícia no processo de desquite?"*
>
> **Resposta:** Para comprovar a existência dos imóveis, você pode pedir certidões nos cartórios de imóveis onde os bens estão registrados. Se seu marido tiver automóveis, com o número da placa do veículo o DETRAN emite um documento informando o nome do proprietário e os dados do veículo. Para comprovar a existência de contas bancárias e outros rendimentos, durante o processo você poderá requerer ao juiz a expedição de ofícios às instituições financeiras, para que informem os valores depositados em nome dele, e à Delegacia da Receita Federal, para que apresente cópia de suas últimas declarações de imposto de renda.

Fotografias

Quando um dos cônjuges suspeita de que o outro está sendo infiel e precisa ter certeza disso para entrar com um processo de desquite na Justiça, normalmente acaba contratando os serviços de um detetive para seguir o "suspeito" e tentar fotografá-lo em situações comprometedoras, como, por exemplo, abraçando e beijando a amante, entrando e saindo de um motel, etc. Como o cônjuge infiel costuma adotar todas as cautelas possíveis para não ser flagrado, a infidelidade é a violação dos deveres do casamento mais difícil de provar. Por isso, a Justiça tem aceitado a comprovação da infidelidade mediante a apresentação de indícios e presunções. Ora, se o marido é fotografado entrando e saindo de um motel com uma amante, a única conclusão lógica a que se pode chegar é a da infidelidade, pois, se alguém freqüenta esse tipo de estabelecimento, é para manter um relacionamento sexual com alguém.

Mas existe uma discussão sobre o uso de fotografias do cônjuge com terceiras pessoas, pois elas são obtidas contra a vontade dos envolvidos, o que poderia configurar violação ao direito de imagem e da privacidade, protegidos pela Constituição Federal. A Justiça tem entendido que, nesse caso, não existe violação a esses direitos constitucionais e as fotografias valem como provas. Isso porque as fotografias são feitas quando os envolvidos estão em lugar público, à vista de outras pessoas. A fotografia considerada ilegal é aquela obtida mediante invasão de residência ou de outros recintos particulares (motel, hotel, pensão, etc.).

Além disso, a fotografia dos envolvidos não viola o direito de imagem, porque o que a Constituição proíbe é o uso indevido da imagem para fins lucrativos (propaganda comercial) ou para atacar a honra de alguém perante outras pessoas. Como as fotografias são utilizadas somente nos processos judiciais de separação, e esses processos correm em segredo de Justiça, não existe publicidade capaz de denegrir a honra da amante e do cônjuge infiel.

Vale dizer que a lei estabelece que as fotografias só podem ser anexadas a um processo quando acompanhadas dos respectivos negativos.

Exames periciais

Se durante o processo de separação houver necessidade de investigar determinados fatos e essa investigação só puder ser feita por uma pessoa que possui conhecimentos especializados, o marido ou a mulher poderá requerer ao juiz a realização de exames periciais.

Nos processo de desquite em que os pais disputam a guarda dos filhos menores, é comum a realização de perícia feita por psicólogos e assistentes sociais. Enquanto a assistente social visita a moradia de cada um dos pais, a psicóloga entrevista pais e filhos. A conclusão de todo o trabalho realizado, que em linguagem jurídica recebe o nome de "laudo", serve de subsídio para o juiz decidir quem tem melhores condições psicológicas e sociais de cuidar das crianças.

Quando marido e mulher não chegam a um acordo em relação ao valor dos bens a serem partilhados, um deles poderá requer a nomeação de um "perito" para proceder à avaliação dos bens. Exames periciais também podem ser requeridos para saber se a assinatura de uma pessoa em certo documento é verdadeira (exame grafotécnico), para avaliar o estado de saúde de uma pessoa, para constatar a existência de lesões corporais, etc.

Como é feita a indicação de um perito no processo? A pedido de qualquer uma das partes, o juiz é que nomeia um perito de sua confiança para fazer o trabalho. E a parte que pediu a realização de exame pericial é que deve arcar com a remuneração do perito, que é fixada pelo juiz. Se, no final, a parte que requereu a perícia ganhar o processo, a parte perdedora deverá reembolsá-la do valor gasto.

Se quiserem, as partes podem contratar um especialista de sua confiança para acompanhar o trabalho do perito nomeado pelo juiz. Esses especialistas contratados pelas partes, que no jargão jurídico são chamados de "assistentes técnicos", podem inclusive criticar o trabalho do perito e lhe pedir esclarecimentos.

> **CONSULTA**
>
> *"Meu marido me agrediu fisicamente e vou entrar com uma ação de desquite contra ele por causa disso. O que devo fazer para comprovar as lesões que sofri, já que o processo judicial é demorado?"*
> **Resposta:** Em primeiro lugar, você deve fazer um boletim de ocorrência na Delegacia da Mulher da sua cidade ou na delegacia de polícia mais próxima da sua residência. O delegado registrará a ocorrência e determinará a realização de uma "exame de corpo de delito", que consiste no exame médico feito por dois peritos oficiais. Esse exame constata o tipo de lesão corporal sofrida, a gravidade e, quando possível, a forma pela qual as lesões foram feitas (arma de fogo, objeto cortante, etc.). O laudo dos peritos, que demora aproximadamente trinta dias para ser concluído, poderá ser utilizado posteriormente no seu processo de separação para comprovar as agressões sofridas. E, em razão do registro da ocorrência de agressão, seu marido poderá ser processado pelo crime de lesão corporal, cuja pena de prisão varia segundo a gravidade da lesão e a forma pela qual ela foi cometida.
>
> *"Estou pensando em me desquitar do meu marido e pedir também o pagamento de pensão alimentícia. Ele é empresário e recebe R$ 900,00 por mês a título de pro labore para não pagar imposto de renda. Muitos de nossos gastos, como despesas com automóvel, gasolina, alimentação, etc., eram custeados pela empresa. Até o cartão de crédito que ele usa para despesas pessoais está em nome da empresa. O que posso fazer para demonstrar sua verdadeira situação financeira?"*
> **Resposta:** No processo, você pode requerer a realização de uma perícia contábil na empresa para saber qual o valor que a firma gasta mensalmente para custear o padrão de vida de seu marido, além dos R$900,00 mensais que ele retira como pro labore. Você pode requerer ainda ao juiz a quebra do seu sigilo bancário, para tomar conhecimento dos valores que ele movimenta, que provavelmente são superiores à quantia que ele declara à Receita Federal. A média de todos esses valores (gastos feitos pela empresa, movimentação bancária e pro labore) servirá de base para o cálculo da pensão.

Inspeção judicial

A qualquer momento, por vontade própria ou a pedido das partes, o juiz pode examinar documentos, móveis, imóveis e até pessoas para obter algum esclarecimento que entenda necessário para julgar a causa.

Esse exame, feito pessoalmente pelo próprio juiz, recebe o nome de "inspeção judicial". As partes têm o direito de acompanhar o juiz durante a vistoria, inclusive para lhe prestar algum esclarecimento ou fazer alguma observação.

A inspeção judicial não costuma ser um meio de prova comum nos processos de desquite litigioso e de divórcio.

Gravações telefônicas

Até parece filme de espionagem, mas não é. Para provar principalmente a infidelidade do marido (ou da mulher), o cônjuge traído costuma gravar conversas telefônicas. Mas a Constituição não garante a inviolabilidade do sigilo das comunicações telefônicas? Como essas gravações podem ser utilizadas em processos judiciais, se a lei proíbe a utilização de provas obtidas por meios ilícitos?

A Justiça tem entendido que não é ilegal a gravação feita por um cônjuge quando ele próprio conversava com o outro. Assim, se a mulher instala um gravador no seu aparelho telefônico e, durante uma conversa com o marido, ele acaba ameaçando-a ou reconhece que tem um caso conjugal, essa gravação poderá ser usada sem problemas, mesmo que o marido não saiba do artifício da mulher.

O que a Justiça entende como violação do sigilo telefônico, garantido pela Constituição, é a interceptação da conversa do cônjuge com terceira pessoa feita de forma clandestina, às escondidas. Portanto, a esposa não pode gravar conversa do marido com a amante.

Enfim, a gravação feita por uma das pessoas que estão se comunicando através de um diálogo telefônico não é proibida, mesmo que uma delas não saiba que a gravação está sendo realizada. Mas a gravação feita por uma terceira pessoa que faz a interceptação da conversa (escuta, grampo) não tem validade como prova no processo de desquite litigioso. Além disso, quem realiza a gravação e divulga seu conteúdo comete o crime de violação de comunicação telefônica, cuja pena pode chegar até seis meses de prisão ou multa. A simples gravação clandestina para tomar conhecimento da conversa, sem divulgação, não configura crime, mas a pessoa que realiza a gravação pode ser condenada a pagar indenização por danos morais às vítimas por violação do direito à intimidade.

Apesar das informações acima, que hoje representam o entendimento majoritário nos tribunais, alguns especialistas consideram que gravações, feitas por um dos cônjuges, de conversas do outro cônjuge com amante no interior da residência do casal, sem que haja a divulgação para outras pessoas, não configuram crime e podem ser utilizadas no processo de desquite litigioso.

CONSULTA

"Abri uma carta que foi enviada a meu marido e descobri que ele tem uma amante. Posso usar essa carta no processo de separação para provar a infidelidade dele?"

Resposta: Não, porque a lei proíbe a utilização de prova obtida por meios ilícitos. O ilícito, no seu caso, reside na violação de correspondência, crime cuja pena pode chegar a seis meses de prisão ou multa. Ademais, uma simples carta pode não ser suficiente para caracterizar a infidelidade.

Onde é ajuizado o processo de desquite litigioso

A lei estabelece como regra geral que as ações judiciais devem ser ajuizadas na comarca do domicílio do réu, ou seja, da parte que está sendo processada. Por exemplo, se uma pessoa residente na cidade de São Paulo precisa entrar com uma ação de cobrança contra um devedor que mora na cidade do Rio de Janeiro, é lá que o processo terá de ser ajuizado.

Entretanto, nos processos de desquite essa regra não vale, porque a mulher tem um direito que, em linguagem jurídica, se denomina "privilégio de foro", isto é, ela tem o direito de ajuizar o processo na comarca onde reside. Assim, se a mulher mora em São Paulo e o marido reside no Rio de Janeiro, ela tem o direito de entrar com o processo de desquite em São Paulo. O marido, nesse caso, terá de arcar com o prejuízo de deslocamento para acompanhar o processo e comparecer às audiências que forem designadas pelo juiz. Se a mulher não quiser exercer esse direito, pode renunciar ao "privilégio de foro", mas na prática isso dificilmente acontece.

Vale lembrar que o privilégio de foro existe também caso a mulher precise ajuizar ação de divórcio, pedido de conversão de desquite em divórcio, ação de anulação de casamento e ação de alimentos.

O processo de desquite litigioso

No processo de desquite litigioso, a primeira providência do juiz ao receber o processo é intimar os cônjuges a comparecerem a uma "audiência preliminar de conciliação". Nessa audiência, o juiz tenta fazer a reconciliação do casal. Se não houver possibilidade de reconciliação, ele então tentará fazer com que marido e mulher optem por um desquite consensual. Para isso, poderá ouvir as partes, separada ou conjuntamente. Dessas conversas, os advogados e o promotor de justiça não participam, para permitir que os cônjuges fiquem à vontade e possam se expressar sem constrangimentos. Se os cônjuges concordarem em se desquitar amigavelmente, aí, sim, os advogados e o promotor entram em cena para acertar os detalhes do desquite consensual.

Mas as partes podem não chegar a um acordo. Nesse caso, o processo tem continuidade e o juiz determinará a expedição, em duas vias, de um documento que se chama "mandado de citação", para que o cônjuge que estiver sendo processado seja citado para apresentar sua defesa. A citação é feita por um oficial de justiça, que vai até o endereço do réu lhe entregar uma via do mandado de citação, pedindo que assine a outra, e uma cópia da petição inicial, para que ele tome conhecimento das acusações. A defesa terá de ser apresentada no prazo de quinze dias contados da data em que o oficial de justiça juntar ao processo a cópia do mandado de citação cumprido e com a assinatura do réu.

Ocorre que algumas vezes esse procedimento é abreviado. Ao receber o processo, o juiz pode determinar a citação do cônjuge e, no próprio mandado de citação, intimá-lo a comparecer à audiência de conciliação. Nesse caso, se não houver conciliação, o prazo de quinze dias para apresentação da defesa passa a contar da data da audiência.

Por isso, ao receber uma citação da Justiça, convém que o cônjuge consulte um advogado o mais rápido possível, de forma que ele possa ganhar tempo para preparar a defesa e não perca o prazo para apresentá-la. Porque, se o cônjuge que estiver sendo processado não apresentar sua defesa, ocorre a confissão presumida dos fatos alegados contra ele.

CONSULTA

"Meu marido saiu de casa, e por isso vou entrar com o pedido de desquite na Justiça, alegando abandono do lar. Mas não sei onde ele está morando. O que posso fazer?"

Resposta: Você poderá fornecer qualquer outro endereço onde ele possa ser encontrado, como, por exemplo, o endereço do trabalho. Se você não souber do paradeiro dele, nem onde ele está trabalhando, seu advogado informará ao juiz que seu marido se encontra em lugar incerto e não sabido e requerer a citação dele por edital. Nessa situação, o juiz determinará a publicação de três anúncios, um em jornal oficial e os outros dois em jornal de circulação local. Se mesmo depois desses anúncios seu marido não comparecer ao processo, o juiz nomeará um "curador especial" para apresentar defesa em nome dele. E o processo tem prosseguimento mesmo seu marido estando ausente.

"Eu soube que minha mulher entrou com um processo de desquite querendo me responsabilizar pela separação. Ainda não tomei conhecimento oficial do processo. Mas acontece que a culpa pela separação é só dela. O que posso fazer?"

Resposta: Como não houve a sua citação, você ainda tem tempo para ajuizar um processo de desquite contra ela e apresentar os motivos pelos quais ela é culpada pela separação. Seu processo será encaminhado ao mesmo juiz que recebeu a ação de sua mulher, para julgamento conjunto, e ele decidirá ao final quem tem razão. Mas se você for citado antes de dar entrada no seu processo contra ela, existe outra possibilidade. Além de se defender, você poderá fazer uma "reconvenção" contra ela. Fazer uma reconvenção significa processá-la aproveitando-se do mesmo processo que ela ajuizou contra você. É como se defender e atacar ao mesmo tempo, aproveitando a arma do adversário. Assim, o juiz poderá não acolher as acusações dela contra você, mas acolher suas acusações contra ela e decretar o desquite a seu favor, o que o dispensará de entrar com um processo em separado contra ela.

O que os cônjuges discutem é segredo de justiça

As ações judiciais que tramitam nos cartórios dos fóruns são públicas. Qualquer pessoa pode acompanhar o andamento dos processos judiciais para tomar conhecimento do assunto que está sendo discutido. Mas isso não ocorre nas ações de desquite, divórcio, anulação de casamento e alimentos, porque esses processos correm em segredo de Justiça. As audiências são realizadas a portas fechadas, vedada a presença de estranhos. E só as partes envolvidas (marido e mulher) e seus advogados têm o direito de consultar o processo.

Com quem ficam os filhos no desquite litigioso

Quando um casal tem filhos e está se separando, normalmente é o marido que toma a iniciativa de sair da residência do casal. Ele pode sair de casa mediante acordo com a mulher, por ordem judicial – decisão proferida em ação cautelar de separação de corpos – ou simplesmente por "abandono do lar". Ao fazer isso, o marido costuma deixar os filhos com a mãe. E se é a mulher que toma iniciativa de sair de casa, geralmente leva os filhos com ela.

Num desquite litigioso, quando um dos cônjuges sai de casa quase sempre os filhos permanecem com a mãe, mas a situação fica juridicamente indefinida enquanto não houver uma decisão no processo. E nesse caso, a mãe está sujeita a inconvenientes. Por exemplo, para evitar o pagamento de pensão, o marido pode começar a fazer ameaças de tomar as crianças, sendo que em alguns casos chega mesmo a concretizá-las.

Como assegurar a guarda dos filhos antes do processo

Para evitar problemas como esse e regularizar a situação, a mãe, antes de dar entrada no processo de desquite, pode ajuizar uma "ação cautelar de manutenção de guarda de filhos". Nesse processo, o juiz pode ordenar que os filhos fiquem previamente com ela enquanto não houver uma decisão definitiva no futuro processo de desquite. E o pai deverá respeitar a decisão do juiz, sob pena de cometer c crime de desobediência a uma ordem judicial.

A Justiça costuma reconhecer o direito da mãe de ficar previamente com os filhos, principalmente quando se trata de crianças de pouca idade (até 3 ou 4 anos, embora a lei não fixe esse limite). A mãe só não fica com os filhos quando, além de abandonar o lar, deixando as crianças en casa, houver contra ela provas de que não tinha nenhum apego ou carinho pelos filhos, ou de que os expunha desde cedo a ambientes ruins (drogas, prostituição, falta de higiene, etc.). Mesmo quando é o pai que sai de casa e leva os filhos pequenos, a mãe consegue reavê-los com um processo de se chama "busca e apreensão de menores".

A definição da guarda pelo juiz

No desquite litigioso, quando os pais disputam a guarda dos filhos e não conseguem chegar a um acordo, a decisão final fica com a Justiça.

Quando se trata de filhos de tenra idade (até 3 ou 4 anos), o mais comum é que eles fiquem com a mãe, mesmo que ela seja culpada pelo desquite. Dessa idade até 14 anos, a mãe continua tendo uma certa "primazia" na disputa pela posse dos filhos. Mas, a partir dos 14 anos (ou um pouco menos), isso já não ocorre com tanta freqüência.

A regra de ouro que os juízes adotam na disputa entre os pais pela posse dos filhos é a de que devem prevalecer, acima de qualquer argumento, o interesse e o bem-estar do menor, seja quanto ao aspecto afetivo, seja quanto ao aspecto material ou educacional. Em nome desse princípio, se entender que nenhum dos pais tem condições de cuidar bem dos filhos, o juiz pode entregá-los aos cuidados de terceiros, como avós, tios, padrinhos ou outras pessoas idôneas. Na falta de parentes que se habilitem a assumir a guarda das crianças, o juiz pode determinar sua internação em algum estabelecimento educacional.

Muitas vezes, os pais tentam retomar a guarda dos filhos que foram entregues aos cuidados de terceiros, mas têm sua pretensão negada, porque o juiz entende que, em nome do interesse dos menores, eles devem continuar morando com aquelas pessoas.

Nos processos que envolvem a guarda de menores, o juiz pode inclusive determinar a realização de perícia psicológica e social para avaliar o que atende melhor ao seu bem-estar.

A guarda pode ser modificada depois do processo

Com relação à guarda dos filhos, não existe posse definitiva e inalterável, seja por parte do pai ou da mãe. De acordo com o princípio do maior interesse e do bem-estar do menor, tudo pode ser mudado a qualquer tempo.

Assim, se a mãe começa a fazer viagens freqüentes a trabalho, passa a viver em companhia de pessoas viciadas em drogas ou violentas, pode perder a guarda dos filhos para o marido caso ele comprove que o dia-a-dia da mulher está sendo nocivo à educação das crianças.

Mas, para postular a mudança da guarda dos filhos, o pai ou a mãe precisará ajuizar uma "ação de alteração de guarda de menor" e comprovar os motivos pelos quais a mudança deve ser feita.

Um caso que ilustra bem a prevalência do bem-estar dos menores é o de uma professora que se separou de um engenheiro e ficou com a guarda dos dois filhos menores. Como a pensão que o marido pagava era muito pequena, a mulher não tinha condições de, com seu salário de professora, sustentar os filhos e consertar a casa onde morava, que estava sofrendo infiltrações de água por todos os lados e correndo o risco de desabar. Em meio às dificuldade e sem ajuda do ex-marido, ela se aborreceu e lhe escreveu uma carta dizendo que a qualquer hora ia lhe entregar as crianças. Ele, aproveitando-se do que ela dizia na carta sobre os problemas por que estava passando, entrou na Justiça com um processo para retirar os filhos da ex-mulher, alegando que tinha mais condições de criá-los.

O juiz negou o pedido do ex-marido. Segundo o juiz, as dificuldades por que a mãe estava passando não significavam que ela tivesse deixado de dar amor aos filhos. Não poderia haver maior prova de amor do que o fato de a mulher trabalhar em dois empregos para ajudar a criá-los. Por isso, segundo o juiz, não era certo que o ex-marido, depois de contribuir para as dificuldades pelas quais a ex-mulher e os filhos estavam passando, ainda quisesse se aproveitar disso para culpá-la e retirar-lhe os filhos.

> **FIQUE ATENTO!**
> O pai ou a mãe que não estiver contente com o regime de visitas estabelecido na decisão judicial poderá também ajuizar uma "ação revisional de regime de visitas". Mas esse tipo de processo é raro, porque, na maioria das vezes, os próprios pais fazem concessões recíprocas e alteram informalmente o que foi estabelecido pela Justiça.

CONSULTA

"No processo de desquite, minha ex-mulher ganhou a guarda das crianças. Como estou com dificuldades financeiras, nos últimos dois meses paguei apenas uma parte da pensão alimentícia. Por causa disso, minha ex-mulher tem me impedido de ver as crianças. No fim de semana estabelecido pela Justiça para a visita, ela arruma uma desculpa para sair com as crianças ou viaja com elas. Ela pode fazer isso?"

Resposta: Sua mulher não pode condicionar seu direito de visitas ao pagamento da pensão. Se ela continuar impedindo a visita, você poderá requerer ao mesmo juiz que decretou o desquite o cumprimento da decisão que fixou seu direito à visita. Além disso, ela poderá ser processada pelo crime de desobediência, cuja pena varia de quinze dias a seis meses de prisão, mais multa. Mas é bom lembrar também que, a qualquer momento, você pode sofrer o mesmo pedido em relação ao pagamento da pensão. Se sua situação econômica não melhorar, convém entrar com uma ação para obter a redução do valor da pensão.

"Estou desquitada e fiquei com a guarda das crianças. Só que agora, por motivo de trabalho, preciso mudar de cidade. Preciso obter autorização do meu ex-marido? Gostaria de saber como proceder nessa situação."
Resposta: Quem tem a guarda dos filhos pode mudar de cidade ou de Estado mesmo sem autorização do ex-cônjuge. Essa mudança só causará problemas para o cônjuge que está com a guarda dos filhos se ficar claro que ela foi realizada com interesse de magoar ou causar prejuízo ao outro. Nesse caso, poderá perder a guarda dos filhos. No seu caso, talvez seja importante comunicar a mudança ao juiz que definiu a guarda para regularizar sua situação. Vale lembrar que o pai dos seus filhos tem o direito de ampliar ou modificar o horário e os dias de visita para melhor se adaptar à mudança ocorrida.

A pensão alimentícia no desquite litigioso

No desquite litigioso, a questão da pensão é um dos pontos mais controvertidos do processo, porque o cônjuge que for considerado culpado pela separação perde o direito à pensão. Já em relação aos filhos, a culpa pela separação não altera o direito que eles têm de receber pensão.

A fixação da pensão

Para definir o valor da pensão alimentícia, a lei estabelece dois critérios: necessidade de quem tem o direito de recebê-la e a possibilidade de quem tem a obrigação de pagá-la.

A necessidade é demonstrada mediante a apresentação de recibos, notas fiscais, carnês ou faturas que comprovem os gastos com alimentação (supermercado, açougue, etc.), educação dos filhos (mensalidade e material escolar, uniforme, cursos de língua, etc.), habitação (aluguel, IPTU, condomínio, contas de água, luz, telefone, material de limpeza, etc.), empregados domésticos (faxineira, guarda noturno, jardineiro, motorista, etc.), vestuário (roupas, lavanderia, etc,), saúde (médico, dentista, farmácia, etc.), higiene pessoal, transporte (IPVA, seguro do carro, gasolina, etc.), inclusive as despesas com lazer (cinema, teatro, restaurantes, mensalidade do clube, manutenção da casa de praia ou do sítio, etc.).

Até que a decisão final defina a culpa de um dos cônjuges, a mulher que reivindica a pensão pode vasculhar a vida financeira do marido para demonstrar que ele tem possibilidade de arcar com aquelas despesas. Todos os tipos de provas – documentos, perícia contábil, informações requisitadas às instituições financeiras, administradoras de cartões de crédito, Receita Federal, Comissão de Valores Mobiliários, etc. – servem para demonstrar a capacidade econômica do marido. Ao se defender quanto ao valor da pensão pretendida, o marido deve demonstrar que as despesas apresentadas pela mulher são exageradas; ou que a mulher tem propriedades em seu nome que produzem renda, como, por exemplo, imóveis ou ações recebidas por herança; que ela tem uma profissão remunerada que lhe permite arcar com o próprio sustento; ou ainda que ela tem condições de trabalhar.

Na decisão final do processo, depois de colhidas todas as provas, o juiz aponta o culpado pela separação e define o valor da pensão que o cônjuge inocente tem o direito de receber. Às vezes, o marido pode até ser responsabilizado pela separação, mas fica isento do pagamento para a ex-mulher se conseguir provar que ela não precisa da pensão.

Quando o juiz entende que ambos os cônjuges foram culpados pela separação, a mulher que pede pensão alimentícia perde esse direito.

No entanto, o novo Código Civil, que entrará em vigor no dia 11 de janeiro de 2003, estabeleceu que o cônjuge considerado culpado pelo desquite tem o direito de reivindicar pensão alimentícia do cônjuge inocente, desde que comprove que precisa da pensão para sobreviver, que não pode trabalhar (por exemplo, em razão de doença) ou que não tem nenhum parente (pais, filhos, netos, irmãos, etc.) em condições econômicas de sustentá-lo. Nesse caso, o valor da pensão será fixado no mínimo necessário à sobrevivência do cônjuge culpado.

CONSULTA

"Meu ex-marido não está pagando a pensão alimentícia há mais de dois anos. Tenho prazo para cobrar os valores atrasados?"

Resposta: Você pode cobrar as prestações devidas nos últimos cinco anos. Uma pessoa que não paga uma pensão alimentícia que foi estabelecida em processo judicial, nem apresenta uma boa justificativa ao juiz para não pagá-la, pode ser presa pelo prazo de sessenta dias. E, nesse caso, a prisão é para valer. A pessoa que deve a pensão não tem direito a prisão domiciliar, vai para a cadeia mesmo. E a prisão não apaga o débito, que pode ser cobrado como se cobra uma dívida, com a penhora de bens e venda em leilão.

"Pago a quantia de R$ 2.500,00 à minha mulher a título de pensão alimentícia. Posso deduzir esse valor do meu imposto de renda?"

Resposta: Sim. Mas a lei só permite deduzir o pagamento de pensão alimentícia se o valor que está sendo pago tiver sido fixado em acordo homologado pelo juiz ou em decisão judicial (definitiva ou provisória). O valor que você pagar por mera liberalidade não poderá ser deduzido.

Se você trabalha com carteira assinada e o imposto de renda é descontado do seu salário pelo empregador, você terá de levar à empresa uma cópia do acordo ou decisão judicial que comprove sua obrigação. No momento de calcular o recolhimento do imposto, a empresa deverá deduzir do seu salário o valor da pensão. Se você for profissional liberal, na hora de calcular o imposto a ser pago pelo carnê-leão (recolhimento mensal), o valor referente à pensão poderá ser deduzido da base de cálculo. Em ambos os casos, quando você fizer a declaração de imposto de renda para a Receita Federal, terá de mencionar, no item referente à "Relação de pagamentos e doações efetuados", o nome e o CPF de sua ex-mulher e o valor total pago no ano.

Pensão alimentícia antes do ajuizamento do desquite

Certa vez um homem estava no meio de uma reunião em seu escritório quando foi informado pela secretária de que um oficial de justiça estava à sua procura. Ele recebeu o oficial, que lhe entregou um mandado de citação. Nesse documento também constava uma ordem do juiz determinando que ele pagasse R$ 4 mil à mulher a título de pensão alimentícia, valor que havia sido fixado numa ação ajuizada por ela.

O marido ligou imediatamente para seu advogado para pedir orientação. Queria saber se a mulher, da qual já estava separado de fato há alguns dias, tinha o direito de receber pensão, uma vez que ela sequer tinha dado entrada no pedido de desquite na Justiça. Enfurecido, relatou ao advogado que o valor fixado pelo juiz, sem que ele tivesse oportunidade de apresentar suas razões, representava quase a totalidade dos seus rendimentos e que não tinha condições de pagá-lo. "Estou com a faca no pescoço", comentou.

O advogado explicou-lhe que o procedimento aparentemente estava correto. A mulher que pretende se desquitar do marido não precisa ajuizar primeiro o processo de desquite e esperar a decisão final do juiz, que pode demorar dois anos ou mais, para começar a receber a pensão alimentícia necessária para seu sustento e/ou dos filhos. Antes de entrar com o processo de desquite, a mulher tem o direito de entrar com uma ação denominada "medida cautelar de alimentos provisionais". Nesse processo, continuou o advogado, a mulher pode requerer ao juiz que, quando do recebimento da ação, e mesmo sem o conhecimento do processo pelo marido, fixe um valor provisório a ser pago por ele a título de pensão. Essa decisão provisória costuma demorar menos de uma semana do ajuizamento do processo, sendo que em algumas cidades pode sair em até 24 horas. A decisão é rápida porque nessas situações vale o ditado popular: "Quem tem fome tem pressa!" E, para entrar com essa medida cautelar, basta que a mulher demonstre a necessidade de receber antecipadamente a pensão mediante a apresentação de documentos que comprovem os gastos que está obrigada a fazer para garantir sua sobrevivência, o que é relativamente simples.

Até aí, tudo bem, disse o marido. Mas e o valor da pensão? O advogado lhe explicou que, embora a mulher tenha de comprovar que o marido tem capacidade financeira para pagar o valor pretendido, essa prova não precisa ser robusta e detalhada. Basta-lhe apresentar alguns documentos e indícios da capacidade financeira do marido. Para isso, ela pode informar a profissão que ele exerce e demonstrar que, quando viviam juntos, tinham um padrão de vida elevado e que os custos da manutenção de residência (aluguel, condomínio, água, luz, telefone, empregados domésticos, alimentação, vestuário, plano de saúde, etc.) ficavam a cargo dele.

Mas, para tranqüilidade do marido, o advogado explicou-lhe que, nesses casos, o valor da pensão fixado pelo juiz é sempre provisório. Se ele demonstrasse, mediante documentos, que o valor fixado provisoriamente comprometia quase a totalidade dos seus rendimentos, o juiz provavelmente determinaria a redução do valor. Mas isso precisaria ser feito o quanto antes, pois, se nada fosse feito, continuaria valendo o valor inicial estabelecido e ele poderia ser preso na falta de pagamento.

No caso acima, a mulher ajuizou a ação em nome próprio, pleiteando pensão só para ela. Mas se o casal que está se separando tem filhos, a mulher pode entrar com a ação pedindo pensão para ela e também para os filhos.

CONSULTA

"Me separei há quinze dias de minha mulher e acho que ela vai entrar com o processo de pensão alimentícia contra mim, pedindo pensão para ela e para meu filho de 2 anos, já que ela não quer receber o valor que posso pagar. Posso me apresentar à Justiça antes que ela entre com o processo contra mim e depositar o valor que acho correto?"

Resposta: Sim. Quem deve uma pensão alimentícia pode, antes de ser processado pelo credor da pensão, se antecipar e entrar com um processo pedindo ao juiz que estabeleça o valor da pensão. Nesse caso, o juiz marcará uma audiência e tentará fazer com que você e sua mulher entrem em acordo. Se vocês não se entenderem, ele então arbitrará o valor da pensão com base nos seus rendimentos.

A vantagem de você se antecipar e pedir ao juiz a fixação da pensão é que, assim, não há risco de sua esposa passar ao juiz informações incorretas sobre seus rendimentos e o juiz arbitrar uma pensão provisória – que deverá ser paga até a decisão final – muito alta.

"Minha ex-mulher obteve uma liminar na Justiça e estou obrigado a pagar-lhe R$ 2.500,00 de pensão por mês. Se na decisão definitiva do processo de desquite o juiz entender que minha ex-mulher não tem direito de receber pensão, posso pedir a restituição do valores pagos por força da liminar?"

Resposta: Não, porque os valores pagos a título de pensão são irrestituíveis. O valor fixado na liminar terá de ser pago até a decisão final. Se o juiz cassar o direito de sua ex-mulher à pensão e ainda houver algum valor em aberto, você continua com a obrigação de pagar os valores atrasados.

"Eu e meu marido estamos separados de fato já faz algum tempo. Pretendemos fazer um desquite amigável e já ajustamos todos os itens da separação, com exceção da pensão alimentícia. O que fazer?"

Resposta: Não havendo acordo quanto à pensão alimentícia, você pode entrar na Justiça apenas com o processo para obter a pensão e, depois, retomar o processo de desquite, de forma amigável ou litigiosa. Pois o processo de desquite e o processo relativo à pensão podem tramitar na Justiça de forma independente. O processo de alimentos não impede que o desquite seja decretado.

Redução e extinção da pensão depois do desquite

Mesmo quando a pensão é decretada judicialmente, seu valor pode ser reduzido a qualquer momento depois do desquite. Por exemplo, um pai pode obter a redução da pensão se o filho, mesmo que ainda menor, passa a trabalhar e a ter rendimento. Um ex-marido pode obter a redução da pensão se a ex-mulher começa a trabalhar ou a ganhar mais, ou ainda se ela receber herança que lhe dê algum rendimento (imóveis que podem ser alugados, etc.). Assim, quem paga pensão precisa ficar atento às mudanças nas condições econômicas dos alimentandos.

As mudanças econômicas na vida de quem tem a obrigação de pagar pensão alimentícia, além de justificar a diminuição do valor da pensão, podem até suspender temporariamente o pagamento. É o caso, por exemplo, do marido que fica desempregado ou muda de emprego e passa a ganhar menos.

A obrigação de pagar pensão extingue-se com o casamento, a maioridade e a morte do beneficiário. Nesse caso, a obrigação do alimentante não passa para os herdeiros do beneficiário da pensão.

A Justiça tem decidido que a ex-mulher que passa a viver em concubinato também perde a pensão. Segundo esse entendimento, é seu novo companheiro que passa a ter a obrigação de sustentá-la. E se a mulher terminar o relacionamento com o novo companheiro, pode reaver o direito à pensão? Tanto a separação amigável do companheiro como o fim do concubinato pela morte dele não restauram o direito à pensão.

Vale lembrar que o alimentante só poderá pagar um valor menor a título de pensão, ou deixar de pagá-la, definitiva ou temporariamente, se mover uma ação contra o beneficiário e obtiver uma decisão judicial a seu favor, mesmo que essa decisão seja provisória (liminar). Enquanto não houver ordem judicial autorizando a redução do valor ou extinguindo a pensão, o pagamento deverá ser feito na forma estipulada na decisão que decretou o desquite.

CONSULTA

"Minha ex-mulher tem se relacionado sexualmente com vários homens. Posso cancelar na Justiça minha obrigação de lhe pagar pensão alimentícia?"
Resposta: A mulher desquitada tem o direito de ter uma vida sexual livre, e não cabe ao ex-marido investigar sua intimidade. Entretanto, algumas decisões judiciais têm entendido que a mulher desquitada perde o direito à pensão se levar uma vida promíscua. Numa dessas decisões, o juiz entendeu que "não é lícito e moralmente tolerável que ao ex-marido continue imposta a responsabilidade pela manutenção da ex-esposa, prestando alimentos em condições humilhantes àquela que não tem mais freios da inibição e do recato".

"Pago pensão à minha ex-mulher. Fiquei sabendo que ela engravidou do seu atual namorado. Posso pedir a exoneração do pagamento da pensão?"
Resposta: O simples fato de sua mulher ter dado à luz filho de outro homem não é motivo para você se livrar do pagamento da pensão. Você só terá alguma chance se provar que ela é mais que uma namorada. Ou seja, deverá mostrar que ela vive maritalmente com o novo companheiro. Aí, sim, você poderá requerer a exoneração.

"Estou desquitado e pago 45% do meu salário como pensão alimentícia para minha ex-mulher e meus dois filhos. Agora estou pretendendo me casar novamente. Como fica a pensão alimentícia que estou pagando?"
Resposta: Seu novo casamento não faz desaparecer sua obrigação de sustentar a primeira família. Você continuará pagando a pensão alimentícia. O que poderá ocorrer é uma diminuição do valor da pensão que você está pagando. Mas, para que a redução seja feita, você deverá ajuizar uma "ação revisional de alimentos" e comprovar a necessidade dessa diminuição para socorrer as necessidades básicas da nova família. O valor da pensão poderá passar dos 45% que você está pagando para 30% ou até menos, dependendo do entendimento do juiz, à vista das justificativas e provas apresentadas por você.

"Recebo pensão do meu ex-marido. Fiquei sabendo que ele mudou de emprego e está ganhando muito mais. Posso pedir um aumento do valor da pensão?
Resposta: Os tribunais têm entendido que a melhoria das condições financeiras do ex-marido, após o desquite, sem a colaboração da ex-mulher, não é motivo para aumentar o valor da pensão. Você só poderá requerer um valor maior se demonstrar a necessidade do aumento, como, por exemplo, para cobrir despesas extras com tratamento de doença, elevação do custo de vida (aumento do aluguel, condomínio, etc.), ou se a desvalorização da moeda for maior do que o reajuste da pensão.

"Meu ex-marido foi obrigado a me pagar pensão. Se ele morrer, meu direito à pensão se extingue?
Resposta: Não. Os bens deixados pelo falecido devem garantir a continuidade do pagamento da pensão. Os herdeiros não pagam a pensão do seu próprio bolso, mas dos bens que receberem como herança deve sair o valor mensal da pensão. Nesse caso, se os bens não produzirem renda (por exemplo, aluguéis), podem ser vendidos para garantir o pagamento da pensão.

Como fica o nome da mulher no desquite litigioso

Na hora do casamento, a mulher é livre para decidir se vai ou não acrescentar ao seu nome o sobrenome do marido. Se ela optar por usar o sobrenome do marido e for declarada culpada no processo de desquite litigioso, perderá esse direito e terá que voltar a usar o nome de solteira. No entanto, trata-se de uma penalidade que só se aplica depois da decisão definitiva da Justiça. Enquanto o processo estiver em andamento, ela continua tendo esse direito.

Quando os dois cônjuges são considerados culpados pela separação, a mulher também perde o direito de usar o sobrenome do marido.

A mulher que perdeu o direito de usar o sobrenome do marido em processo de desquite, mas continua apresentando-se com o nome de casada perante outras pessoas, pode ser condenada a pagar uma indenização ao ex-marido se sua atitude causar-lhe algum prejuízo econômico ou dano à sua imagem ou reputação.

Por outro lado, se o marido for declarado culpado pelo desquite, a mulher terá o direito de continuar usando o nome de casada. Ela pode renunciar a esse direito quando quiser, mas a renúncia deverá ser comunicada ao juiz que decretou o desquite. Ele então expedirá um documento que se chama "mandado de averbação", para que o oficial do Cartório de Registro Civil onde foi celebrado o casamento proceda à alteração do nome. Mas atenção: uma vez feita a renúncia, a mulher não poderá voltar atrás, mesmo que tenha o consentimento do ex-marido. A única alternativa para a mulher desquitada restabelecer o nome de casada depois de renunciar a ele é reconciliar-se com o ex-marido. Por isso, é sempre bom pensar bem antes de renunciar.

O novo Código Civil, que entrará em vigor no dia 11 de janeiro de 2003, estabeleceu algumas mudanças com relação ao uso do nome no desquite litigioso. Pelo novo código, a mulher considerada culpada pelo desquite só será condenada a voltar a usar o sobrenome de solteira se o marido, ao pedir o desquite, requerer ao juiz que ela perca o direito de usar o sobrenome de casada. E, mesmo assim, o juiz poderá rejeitar o pedido do marido e permitir que a mulher mantenha o nome de casada para evitar que ela sofra prejuízo à sua identificação (por exemplo, quando a mulher é reconhecida profissionalmente com o nome de casada), ou que ela e os filhos tenham sobrenomes diferentes (principalmente quando eles tiverem sido registrados só com o sobrenome do pai), ou ainda qualquer outro prejuízo, desde que reconhecido na decisão judicial que decretar o desquite.

CONSULTA

"Minha mulher teve assegurado o direito de continuar usando o nome de casada. Entretanto, nos últimos meses, ela anda cometendo loucuras, está bebendo, vem levando uma vida desregrada. Chegou inclusive a se envolver em brigas e agressões. O caso até virou notícia na coluna social do jornal da cidade onde moramos. O pior é que, nesses episódios, é o sobrenome da minha família que aparece. O que devo fazer?"

Resposta: A mulher que se desquitou e ganhou o direito de manter o nome de casada poderá perdê-lo se ficar demonstrado que sua conduta vem expondo e enxovalhando seu sobrenome. Mas, para isso, é necessário que você entre na Justiça com um processo contra ela.

A partilha de bens no desquite litigioso

O decreto de desquite no litigioso envolve também a divisão dos bens do casal. Porém, na falta de bens ou se os cônjuges se casaram pelo regime de separação absoluta de bens, não haverá necessidade de se fazer a partilha. Vale dizer que, enquanto não se fizer a partilha, cada cônjuge pode continuar administrando seus bens pessoais. Apenas os bens comuns é que sofrem restrição, isto é, ficam sujeitos à partilha.

Na maioria dos processos de desquite litigioso, que são demorados, os cônjuges, cansados e desgastados emocionalmente, acabam dando uma trégua um ao outro e resolvem fazer um acordo sobre a partilha. E o acordo é sempre a melhor solução, porque assim eles podem fazer a divisão na forma que lhes convier, respeitando naturalmente o regime de bens do casamento. E, para isso, vale tudo o que foi dito em relação à partilha de bens no desquite amigável. O acordo terá de ser homologado pelo juiz.

Na falta de acordo, a partilha será feita depois do julgamento final do desquite, ou seja, um desquite litigioso pode ser decretado independentemente da partilha dos bens, que pode ser feita depois por meio de um processo que se chama "inventário judicial". Vejamos como funciona.

Inventário judicial

O inventário judicial, para a partilha dos bens em caso de desquite litigioso, é bem parecido com o que ocorre na apuração de bens em caso de herança. Portanto, é um processo pelo qual todos os bens do casal (carros, imóveis, objetos de arte, aplicações financeiras, etc.) são relacionados e avaliados para posterior divisão entre os cônjuges. E também entram nesse levantamento todas as dívidas que eventualmente devam ser pagas pelo cônjuges (financiamento, consórcio, etc.).

O processo de inventário só pode ter início mediante requerimento formulado por um dos cônjuges. Mesmo o cônjuge considerado culpado pela separação poderá pedir a abertura do inventário, porque, para efeito de partilha de bens, a culpa não tem qualquer conseqüência, diferentemente do que ocorre nas questões referentes à guarda dos filhos e à pensão.

O pedido de inventário deve ser endereçado ao juiz que decretou a separação, pois o processo de inventário é feito no próprio processo de desquite. Recebido o pedido, o juiz nomeará um dos cônjuges como inventariante.

O inventariante terá a função de apresentar a descrição e o valor de todos os bens e dívidas do casal, juntar documentos que comprovem a situação financeira do casal e apresentar uma proposta de partilha para o juiz. Como a função envolve também a administração dos bens até que a partilha seja feita, costuma haver divergência entre os cônjuges sobre qual deles deve ser nomeado inventariante. Para resolver o impasse, o juiz poderá nomear uma terceira pessoa para exercer a função, e essa pessoa terá o direito de receber uma remuneração pelo encargo.

Se um dos cônjuges não concordar com a avaliação dos bens feita pelo inventariante, o juiz pode nomear um perito para avaliar os bens, o que ocorre principalmente quando a dúvida recai sobre imóveis. Pode ocorrer também que a ex-mulher não concorde com o valor da participação societária que o ex-marido tem na empresa da qual é sócio. Ela pode, então, requerer a apresentação dos livros contábeis da empresa para a realização de uma perícia contábil para descobrir a verdadeira situação financeira da firma e o valor correto da participação do ex-marido.

Feitas as avaliações e resolvidas todas as impugnações, se o cônjuge não concordar com o esboço de partilha apresentado pelo inventariante, o juiz é que terá de definir a parte de cada cônjuge, observando a maior igualdade possível na repartição dos bens. Se os cônjuges não concordarem em ficar com 50% de um imóvel, por exemplo, e nenhum deles quiser abrir mão do bem em troca de uma compensação financeira, o juiz pode determinar que o imóvel seja vendido em leilão, e o valor arrecadado será repartido entre os cônjuges. Nesse caso, os cônjuges podem disputar a compra do bem e têm preferência em relação aos demais interessados.

O juiz, ao final, define a repartição dos bens e decreta a partilha mediante decisão judicial.

CONSULTA

"Eu e meu marido vamos nos desquitar, e acho que o processo será litigioso. Ele sempre cuidou do nosso patrimônio. Gostaria de saber se existe uma forma de evitar que ele se desfaça dos bens antes da partilha."

Resposta: Caso tenha provas de que seu marido esteja dilapidando ou desviando os bens (inventando dívidas, passando a propriedade de bens para testas-de-ferro, gastando dinheiro de contas bancárias ou investimentos, etc.), você poderá ajuizar contra ele uma "medida cautelar de seqüestro de bens". Nessa ação, o juiz determina o seqüestro dos bens e nomeia um depositário para ficar responsável por sua guarda e conservação. Essa medida, que visa preservar o patrimônio a ser partilhado, pode ser ajuizada antes da entrada do processo do desquite, durante o processo ou até mesmo depois de decretado o desquite, caso a partilha dos bens fique para ser feita no processo de inventário judicial.

"Eu e meu marido estamos separados de fato e nosso desquite será litigioso. Como fiquei na nossa antiga residência, um apartamento alugado, gostaria de saber se meu marido, cujo nome figura no contrato como locatário, continua responsável pelo aluguel até o julgamento final do processo."

Resposta: A Lei do Inquilinato estabelece que, nos casos de separação de fato, desquite consensual ou litigioso, o cônjuge que permanecer no imóvel assume a posição de locatário, devendo arcar com o pagamento dos aluguéis e demais encargos (condomínio, IPTU, seguro, etc.). E você terá de notificar o locador por escrito, informando-lhe da sua situação (separada de fato). Ele não poderá se opor à mudança, mas terá o direito de exigir um novo fiador ou uma nova garantia para o contrato de locação. Vale lembrar que, se deixar de notificar o locador, você estará cometendo uma infração ao contrato de locação e pode sofrer um processo de despejo.

"Depois que me casei, pelo regime de comunhão parcial de bens, entrei como sócio de uma empresa, que foi constituída sob a forma de sociedade por quotas de responsabilidade limitada. Tenho 25% das quotas sociais. Como pretendo me desquitar da minha mulher, gostaria de saber se ela tem direito à metade dessas quotas na partilha de bens e se pode se tornar sócia da empresa por causa disso."

Resposta: Sua mulher tem o direito à metade das suas cotas, ou seja, 12,5%, mas não se tornará sócia da empresa. Isso porque, nas sociedades por quotas, a admissão de um novo sócio só ocorre com o consentimento dos demais, o que inclusive consta dos contratos sociais das empresas. Como existe esse impedimento, a Justiça tem entendido que a ex-mulher, nesses casos, forma uma sociedade em segundo grau, ou subsociedade, com o marido. Ela terá o direito à metade dos lucros que você obtiver da sociedade, mas terá de suportar, na mesma proporção, os prejuízos que você sofrer. Se ela tiver dúvidas sobre o valor dos lucros ou prejuízos, poderá esclarecer o assunto judicialmente por meio de uma ação de prestação de contas.

Contudo, você pode negociar com sua mulher e fazer com que, na partilha de bens, ela abra mão do direito à sua participação na empresa em troca de um bem ou valor em dinheiro.

Quando um cônjuge não precisa provar a culpa do outro

O desquite litigioso também pode ocorrer sem que um dos cônjuges precise demonstrar a culpa do outro. A lei estabelece duas hipóteses. Vejamos.

Separação de fato há mais de um ano

Quando marido e mulher estão separados de fato e não chegam a um acordo para fazer um desquite consensual, qualquer um deles poderá requerer que o desquite seja decretado pela Justiça. Para isso, basta demonstrar que essa separação já dura mais de um ano e que não existe possibilidade de continuidade da convivência no casamento.

Para justificar o desquite sem culpa, a separação de fato deve ser motivada pela falta de interesse do casal em manter uma vida em comum. Por isso, a saída de um dos cônjuges do lar em razão de viagens a trabalho, ou para internação hospitalar, por exemplo, não vale, porque, nesses casos, o afastamento teve uma justa causa.

O prazo de um ano deve ser contínuo, ou seja, sem qualquer interrupção. Se marido e mulher, por exemplo, estão separados há dez meses, reconciliam-se e voltam a viver juntos, e depois se separam pela segunda vez, o prazo de um ano terá de ser contado novamente a partir da segunda separação. Não vale como reconciliação a visita que um cônjuge faz ao outro para conversar sobre algum assunto de interesse do casal (pensão alimentícia, administração dos bens, etc.) ou para ver os filhos (visitas, aniversários, etc.). Precisa haver efetiva reconciliação, isto é, marido e mulher devem restabelecer a vida conjugal plena e normal.

CONSULTA

"Apesar de estarmos vivendo sob o mesmo teto, eu e meu marido não temos mais vida de casados. Inclusive, dormimos em quartos separados. Só tolerei essa situação por razões econômicas. Como tenho um novo emprego e ganho um salário maior, pretendo reconstruir minha vida sozinha. É verdade que posso pedir o desquite na Justiça mesmo assim?"

Resposta: Alguns juízes entendem que a falta de vida em comum por mais de um ano seguido, que justifica o pedido de desquite sem culpa, pode ocorrer mesmo que o casal continue vivendo sob o mesmo teto. Mas esse entendimento, por ora, é minoritário entre os juízes. Sendo assim, vale a pena você tentar essa saída, mas com maior risco de perder a causa. Nesses casos, o melhor mesmo é convencer o outro cônjuge a fazer o desquite consensual. Ademais, a prova da falta de vida em comum precisa ser muito convincente para que o juiz possa acatar o seu pedido. Você pode se utilizar do testemunho de pessoas íntimas da família, como, por exemplo, filhos, vizinhos, parentes, ou de amigos que freqüentam sua casa e conhecem a situação.

Doença mental

Quando um dos cônjuges estiver sofrendo há mais de cinco anos de uma doença mental cuja gravidade impossibilite a continuidade do casamento, o outro poderá requerer o desquite na Justiça. Mas, para que o desquite seja decretado pelo juiz, é necessário comprovar que a doença não tem cura – o que é feito por meio de perícia médica – e se manifestou depois do casamento. São exemplos de doenças que justificam esse tipo de desquite: esquizofrenias, psicose maníaco-depressiva, paranóias, mal de Alzheimer, arteriosclerose cerebral, etc.

Apesar de tudo, se entender que a separação agravará ainda mais a doença mental do cônjuge ou poderá causar graves conseqüências à saúde dos filhos menores – como, por exemplo, se o filho ameaça suicidar-se caso haja a separação dos pais – , o juiz pode se negar a decretar a desquite.

O novo Código Civil estabeleceu que o cônjuge poderá requerer o desquite em razão de doença mental se o outro estiver doente por no mínimo dois anos seguidos. Ou seja, o prazo atual de cinco anos foi reduzido para dois. Mas a mudança só passa a valer quando o novo código entrar em vigor, o que ocorrerá em 11 de janeiro de 2003.

Conseqüências do desquite litigioso sem culpa

O processo de desquite litigioso sem culpa dos cônjuges, seja por doença mental de um deles ou por separação de fato há mais de um ano, traz algumas conseqüências com relação ao sobrenome da ex-mulher, à guarda dos filhos, à pensão alimentícia e partilha dos bens. Vejamos cada uma delas.

• Questão do nome

A mulher que tomar a iniciativa de pedir o desquite litigioso em razão de doença mental do marido ou da ruptura da vida em comum por mais de um ano será obrigada a voltar a usar o nome de solteira. Se a iniciativa de entrar com o processo for do marido, é direito da mulher manter ou não o nome de casada.

• Guarda dos filhos

No desquite em razão da separação de fato por mais de um ano, os filhos ficarão em poder do cônjuge em cuja companhia estavam durante o tempo da separação. No desquite decretado em razão de doença mental, os filhos ficam com o cônjuge saudável, que terá condições de assumir a responsabilidade de cuidar deles e educá-los.

• A pensão

Nos dois casos de desquite sem culpa, o cônjuge que teve a iniciativa de entrar com o processo (autor), continua com o dever de pagar pensão alimentícia ao cônjuge processado (réu), se este necessitar. O cônjuge que foi processado, por sua vez, fica exonerado do dever de pagar pensão alimentícia ao cônjuge autor.

- Partilha de bens

Quanto à partilha de bens, o desquite litigioso sem culpa possui uma particularidade. A lei estabeleceu uma compensação ao cônjuge que não tomou a iniciativa de ajuizar o desquite. Tendo sido o casamento realizado pelo regime de comunhão universal de bens, o cônjuge contra o qual foi movido o processo (réu), terá direito de reaver os bens que levou para o casamento mais a metade dos bens adquiridos durante o casamento. O cônjuge que tomou a iniciativa de entrar com o processo (autor) só terá direito à metade dos bens adquiridos a partir do casamento.

Mas o benefício mencionado, que é dado ao cônjuge contra o qual foi movido o processo de desquite, só acontece se o casamento tiver sido realizado sob o regime de comunhão universal de bens a partir de 27 de dezembro de 1977, data em que a Lei do Divórcio entrou em vigor. E a partir da entrada em vigor do novo Código Civil, em 11 de janeiro de 2003, o benefício só vai existir quando o processo for movido em razão de doença do cônjuge réu.

Nos casamentos realizados sob os regimes de comunhão parcial ou de separação de bens, o benefício não se aplica, porque nesses regimes não entram na partilha os bens que cada um levou para o casamento. Nesses casos, a partilha dos bens adquiridos depois do casamento obedece às regras aplicáveis a cada um desses dois regimes, como já foi explicado.

Quando termina um desquite litigioso

O processo de desquite litigioso termina com a sentença do juiz, que pode acolher ou rejeitar o pedido de desquite formulado pelo marido ou pela mulher. Se o juiz acolhe o pedido, diz-se que a ação foi julgada procedente. Se o rejeitou, diz-se que a ação foi julgada improcedente.

Quem decreta o desquite é um juiz de primeira instância. O cônjuge que ficar insatisfeito com a sentença que decretou o desquite pode entrar com recurso nas instâncias superiores da Justiça, a fim de que a decisão seja desfeita. Na maioria das vezes, quem tenta recorrer para anular esse tipo de sentença não tem sucesso.

Só depois de esgotadas todas as possibilidades de recurso é que o desquite decretado em primeira instância torna-se definitivo e passa a surtir efeitos quanto à guarda dos filhos, regime de visitas, uso do nome, partilha de bens e pensão alimentícia.

CONSULTA

"Ajuizei um processo de desquite contra meu marido. Fiquei sabendo que ele está muito doente e corre risco de vida. O que acontece se ele vier a falecer antes da decisão judicial?"
Resposta: Se seu marido falecer durante o trâmite da ação e antes da decisão definitiva, o processo será extinto sem que o desquite seja decretado. E você, como viúva, terá direito à metade dos bens, conforme o regime de bens adotado quando da celebração do casamento. E se você não tiver tido filhos com seu marido e ele não tiver ascendentes (pais, avós, etc.), você terá o direito de receber toda a herança deixada por ele.

Divórcio

QUANDO PEDIR O DIVÓRCIO

Uma pessoa só pode pedir o divórcio em duas hipóteses. Primeiro, se já tiver feito o desquite há mais de um ano. Segundo, se provar ao juiz que está separada de fato há dois anos ou mais. Fora dessas duas hipóteses não há divórcio no Brasil.

A prova do desquite há mais de um ano é feita com a apresentação da certidão de casamento em que consta o registro (averbação) da sentença do desquite. Já a prova da separação de fato há mais de dois anos pode ser feita por qualquer documento – cartas, bilhetes, correspondências bancárias, contrato de locação residencial, contas de luz, água, telefone – que prove que um dos cônjuges reside em local diferente.

Também pode ocorrer que, depois que um dos cônjuges saiu de casa, o outro tenha movido contra ele algum processo judicial, como ação de alimentos ou de regulamentação de visita dos filhos, que também comprovem o fim da convivência em comum há dois anos ou mais. Outra prova aceita pela Justiça é a feita por meio de testemunhas. Uma só testemunha basta, mas é aconselhável ter duas ou mais.

DO DESQUITE AO DIVÓRCIO

Transformar um desquite em divórcio é simples. Depois de completado um ano do desquite (ou da separação de corpos), se os cônjuges estiverem de comum acordo, podem fazer um pedido ao juiz e o desquite será convertido em divórcio. Há casos em que a conversão do desquite em divórcio ocorre em apenas um mês. O pedido de conversão pode ser feito por um só advogado que represente os desquitados. O pedido de divórcio é anexado ao antigo processo de desquite do casal, no qual já existem todos os documentos necessários ao divórcio. Por isso, esse tipo de processo é mais fácil e mais barato do que um desquite amigável. Para a conversão amigável do desquite em divórcio, é preciso que a partilha dos bens já tenha sido feita no desquite. Se a partilha não tiver sido realizada anteriormente, o casal deverá anexar ao processo o

FIQUE ATENTO!
Ao pedir a conversão do desquite em divórcio, os ex-cônjuges podem alterar algumas cláusulas que foram inseridas no desquite. Assim, juntamente com o pedido de conversão, podem, de comum acordo, requerer ao juiz alteração do que ficou estipulado sobre a pensão (modificação do valor ou até suspensão do pagamento, forma de realização do pagamento, etc), bem como sobre o uso do sobrenome do marido pela mulher ou sobre a guarda dos filhos. No entanto, nessa oportunidade, não pode haver alteração no que se refere à partilha dos bens já realizada.

acordo de partilha dos bens. Mas, se uma das partes não quiser transformar o desquite em divórcio, teremos um divórcio litigioso.

Suponhamos que A esteja desquitada de B há mais de um ano e queira se divorciar. B, entretanto, não quer saber do assunto e recusa-se a fazer o divórcio. Nesse caso, A deve contratar um advogado e pedir a conversão do desquite em divórcio de forma litigiosa.

Quando isso é feito, o juiz dá um prazo de quinze dias para B se defender. Ele não é obrigado a se manifestar. Se não fizer nada, talvez para não ter gastos e perda de tempo, o juiz deverá decretar o divórcio no prazo de dez dias.

O processo se inicia da seguinte maneira: A entra com o pedido de conversão contra B. O juiz manda expedir um documento, que se chama mandado de citação, ou seja, a ordem para que B seja comunicado do processo e do prazo para se defender. Um oficial de justiça entrega a B o mandado de citação, juntamente com a cópia do teor de pedido de conversão. B assina o mandado, comprovando o recebimento. O prazo de quinze dias para a defesa só começa a contar da data da juntada do mandado de citação devidamente cumprido, isto é, da data em que o mandado de citação, devidamente cumprido, é incluso como mais um documento do processo (também chamado de autos). Vale lembrar que, quando a própria parte interessada quer ir pessoalmente ao fórum conferir se a citação foi realizada, pode fazê-lo – e é bom que o faça. Em geral, quando a própria parte (autor ou réu) quer se informar sobre o andamento do seu processo, os funcionários costumam lhe prestar bom atendimento, principalmente quando percebem que aquele cidadão (ou cidadã), chamado no jargão forense de "jurisdicionado", está perdido, sem informações ou ansioso por saber mais a respeito do andamento do processo.

Se B contestar o pedido de conversão do desquite em divórcio, o juiz só não decreta o divórcio se B, em sua defesa, provar que A não cumpriu as obrigações estipuladas no desquite. Portanto, o cônjuge que não cumpre obrigação constante do desquite não tem o direito de pedir a conversão deste em divórcio. Por exemplo, o cônjuge que não paga a

> **FIQUE ATENTO!**
> A citação é um dos atos mais importantes de qualquer processo. porque é o documento que informa a uma pessoa que ela está sendo processada, qual é o teor da acusação e qual o prazo que ela tem para se defender. Só depois da citação é que a pessoa citada, ou seja, o réu, fica "obrigada" a contratar um advogado para se defender. Se não fizer isso, perde a causa por revelia, ou seja, por ausência de defesa. Só com a citação um processo começa e o tempo passa a correr a favor de quem o propôs.

pensão estipulada no desquite não pode se divorciar. Entretanto, o pagamento da pensão com atraso ou de forma irregular não impede o divórcio. Da mesma forma, se o marido pede a conversão do desquite em divórcio e a mulher alega que ele deixou de visitar regularmente os filhos, conforme ficou acertado no desquite, o juiz não deve deixar de decretar o divórcio. A falta de visita não caracteriza descumprimento de dever para fins de divórcio.

CONSULTA

"Desquitei-me de meu marido há um ano. No acordo do desquite ficou estipulado que venderíamos o único apartamento que tínhamos e dividiríamos o valor. A venda foi feita, mas meu ex-marido ainda não pagou a minha parte. Agora ele deseja a conversão do desquite em divórcio. Como posso cobrar o valor?"
Resposta: Para a conversão do desquite em divórcio é necessário que o acordo do desquite esteja sendo cumprido. O não-cumprimento das obrigações assumidas quando do acordo da separação judicial impede a conversão do desquite em divórcio. Assim, enquanto não pagar a sua parte na venda do imóvel, seu ex-marido não poderá obter o divórcio.

"Após o desquite, fiz um acordo com meu ex-marido para que ele pagasse, além da pensão alimentícia, o plano de saúde dos nossos filhos. Porém, ele não está pagando o plano de saúde. Um amiga me disse que o descumprimento de obrigações impede a conversão do desquite em divórcio. Posso recusar a conversão do desquite em divórcio por causa da falta de pagamento do plano de saúde?"
Resposta: Não. Só impede a conversão da separação em divórcio o descumprimento das obrigações assumidas expressamente pelo ex-cônjuge no desquite homologado pela Justiça. A obrigações assumidas após o trânsito em julgado da sentença que decretou a separação do casal não constituem obstáculos à conversão.

"Eu e meu marido nos desquitamos há três anos. Fizemos a partilha dos bens, mas meu marido esqueceu de incluir na relação de bens um imóvel que possuímos no interior. Agora ele está querendo o divórcio. Eu soube que posso recusar o divórcio se não houver partilha de bens. Posso alegar a não-inclusão do imóvel na partilha para não conceder o divórcio?"
Resposta: O que impede a conversão do desquite em divórcio é a falta de partilha, mas não a falta de inclusão na partilha, por esquecimento ou engano, de algum bem do casal. Assim, se um bem ficou fora da partilha por ocasião do desquite, a Justiça aceita que a partilha (sobrepartilha) desse bem seja feita no momento da conversão do desquite em divórcio. Mesmo que haja dúvida se o bem é somente de um dos cônjuges ou de ambos, o juiz aceita que a conversão seja realizada. E a questão do bem que não foi partilhado por ocasião do desquite fica para ser resolvida depois, em outro processo.

A partilha dos bens no divórcio por conversão

Ainda sobre a conversão do desquite em divórcio, é importante saber que pode haver desquite sem partilha dos bens, mas não divórcio. O juiz não aceita converter o desquite em divórcio antes da partilha dos bens.

Quando há bens a serem partilhados, porque não se fez a partilha por ocasião do desquite, se os desquitados não chegarem a um acordo a respeito da divisão dos bens, o divórcio se torna litigioso. E aí a partilha poderá ser feita pelo juiz, como pré-condição para decretar o divórcio. Quando há necessidade de prévia partilha dos bens, a ser feita judicialmente, o processo do divórcio não anda, se arrasta por dois, três anos, ou mais, com muitos gastos em perícias, avaliações dos bens, além do desgaste pessoal dos desquitados.

DIVÓRCIO DIRETO

Essa é outra forma de divórcio. Se o casal estiver separado de fato há dois anos ou mais, poderá se divorciar sem que seja obrigado a fazer o desquite antes. Essa forma de divórcio é conhecida como divórcio direto e foi instituída no Brasil a partir de 1988, com a atual Constituição Federal. Até então, o divórcio só era possível após a realização do desquite. Havia uma exceção: aqueles que já estivessem separados de fato antes de 28 de junho de 1977, após completar cinco anos de separação, poderiam pedir o divórcio direto. Essa era uma norma transitória existente na Lei do Divórcio para legalizar a situação das pessoas que estavam separadas de fato antes do seu advento.

Da mesma forma que o desquite, o divórcio direto também pode ser consensual ou litigioso.

Divórcio direto consensual

O procedimento é o mesmo do desquite consensual. O casal deverá comparecer ao fórum acompanhado de seus advogados (pode ser um único advogado para ambos os cônjuges) e das testemunhas – duas ou três de preferência. A petição que requerer o divórcio direto consensual deverá conter o acordo sobre a guarda dos filhos, pensão alimentícia devida aos filhos e ao cônjuge, bem como a descrição dos bens do casal e a forma pela qual eles serão partilhados. Também devem ser incluídos na petição inicial a certidão de casamento e os documentos que comprovam a propriedade dos bens listados na petição do divórcio direto como, por exemplo, cópia da escritura de compra e venda dos imóveis cópia do registro de propriedade do veículo, etc. Não é preciso justificar a separação de fato, ou seja, o casal não precisa apresentar o motivo que causou a ruptura da vida em comum. Tudo que precisa fazer é provar a separação de fato há dois anos ou mais.

Sobre o uso do nome do marido, no divórcio direto amigável, se a mulher quiser continuar usando o nome de casada, precisa fazer constar esse pedido da petição do divórcio. É que a regra é a mulher não continuar usando o nome de casada depois do divórcio. Mas se ela alegar e provar que a retirada do nome do ex-marido vai significar uma perda de identidade entre seu nome e o nome dos filhos, que possuem apenas o sobrenome do pai, terá o direito de continuar usando o nome de casada. Outra circunstância que dá à mulher o direito de continuar usando o nome de casada é o fato de ela ser pública e notoriamente identificada pelo sobrenome do marido, o que é muito comum nos meios políticos, artísticos e profissionais.

Aqui há uma diferença importante entre o divórcio direto amigável e o desquite amigável. Enquanto no desquite amigável a partilha dos bens não é obrigatória (pode ser feita posteriormente), no divórcio direto amigável o acordo da partilha deve constar da petição do divórcio. Enfim, quem está separado de fato há dois anos ou mais, em lugar de entrar na Justiça com pedido de desquite, pode entrar direto com pedido de divórcio amigável.

CONSULTA

"Um casal quer fazer o divórcio direto amigável, mas, na verdade, os cônjuges ainda não estão há dois anos separados de fato. Podem apresentar testemunhas que digam que eles já têm dois anos de separação de fato?"
Resposta: Já ouvi dizer que isso ocorre. E que mal há? Só porque faltam alguns dias, meses, e ninguém vai perder com isso, é justo deixar de ajudar pessoas que precisam resolver uma pendência tão importante para suas vidas? Claro que é crime prestar falso testemunho (e nem precisa que alguém sofra dano). É bom saber do risco. Na prática, porém, pode não haver problema, já que ninguém tem interesse em levantar a questão. Mas é bom orientar-se bem.

"Estou separada de fato de meu marido há mais de dois anos e desejamos fazer o divórcio direto amigável. Há apenas um problema. Desde que nos separamos, meu marido foi morar no Japão. Posso fazer o divórcio sem a presença dele? Me disseram que, para o divórcio, há uma audiência de conciliação e outra de instrução e julgamento? Ele precisa estar presente?"
Resposta: Se a lei permite que o casamento seja realizado mediante procuração, por que, então, o divórcio direto amigável não poderia ser realizado da mesma maneira? A solução seria seu marido passar uma procuração para alguém representá-lo judicialmente e com poderes especiais para requerer o

> divórcio consensual. Nessa procuração devem estar expressos os exatos termos do divórcio em relação aos bens, guarda dos filhos e pensão alimentícia. Ele deve também passar outra procuração para o advogado que atuará no processo. As duas procurações devem ser feitas no consulado brasileiro no Japão. Assim, terão fé pública e serão redigidas em língua portuguesa, o que evitará maiores problemas. Embora a presença do cônjuge na audiência de conciliação seja um ato personalíssimo, a própria audiência pode ser dispensada nesse caso.
> A prova da separação de fato pode ser testemunhal, e haverá a audiência para o juiz tomar o depoimento das testemunhas. E se vocês conseguirem provas documentais que demonstrem a separação de fato pelo período de no mínimo dois anos, o juiz marcará a audiência de ratificação. Embora as partes devam estar presentes na audiência de ratificação do pedido de divórcio, no seu caso, excepcionalmente, o juiz pode aceitar a presença do procurador em lugar do seu marido.

Quando tomar o depoimento das testemunhas, o juiz só se aterá ao período da separação de fato, sem entrar nas razões pelas quais o casal quer se divorciar. Em síntese: para o divorcio direto amigável os cônjuges devem: a) provar separação de fato há dois ou mais, e este é o primeiro e fundamental requisito; b) demonstrar os termos do acordo a que chegaram sobre a partilha dos bens (que, como no desquite amigável, não precisa ser feita de maneira igualitária), a guarda e pensão dos filhos. É aconselhável que cônjuges também digam o que acertaram sobre o pagamento de pensão e sobre o uso do nome do marido pela ex-mulher.

Vantagens do divórcio direto amigável

Como se viu, o divórcio direto amigável é mais rápido e mais barato que o divórcio direto litigioso, pois os gastos com advogado podem ser repartidos pelos cônjuges. Além disso, no divórcio consensual a partilha de bens é definida pelo casal e uma eventual venda dos bens pode ser realizada através de imobiliárias ou pelos próprios divorciados, sem muita pressa e sem os gastos com perícias, que são necessários no divórcio litigioso.

Divórcio direto litigioso

Há casos em que um dos cônjuges não quer o divórcio, mesmo já estando separado de fato há dois anos ou mais. Nesse caso, estamos diante do divórcio litigioso. Há uma diferença entre o desquite litigioso e o divórcio litigioso. Enquanto no primeiro um cônjuge deve provar a culpa do outro, no divórcio direto litigioso a única causa é a separação de fato por dois anos ou mais. Se o marido pedir o divórcio litigioso, o juiz só não o concederá se a mulher provar que não estão separados de fato há mais de dois anos. Portanto, no pedido de divórcio litigioso, o marido precisa provar de forma cabal a ruptura da vida em comum e a residência em local diferente, o que pode fazer por meio de documentos como cartas, bilhetes, correspondências bancárias, contrato de locação residencial, contas de luz ou de água.

Então, no divórcio direto litigioso não há a necessidade de se provar a culpa do outro. Mas como no processo também são discutidas outras questões, como pagamento de pensão alimentícia e guarda dos filhos, a questão de saber quem é ou não culpado pelo divórcio acaba tendo de ser discutida.

Portanto, se um ex-marido pedir o divórcio direto litigioso e não provar a responsabilidade da mulher pela ruptura da vida em comum, será obrigado a pagar a pensão alimentícia. No entanto, embora sejam minoria, existem decisões da Justiça que entendem que, só pelo fato de o marido pedir o divórcio direto litigioso, ele fica obrigado a pagar pensão alimentícia.

Em qualquer caso, com o divórcio a mulher perde o nome de casada se não manifestar o desejo de mantê-lo. Como no divórcio amigável, ela deverá alegar uma das causas que autorizam a manutenção do nome

FIQUE ATENTO!
Para a contagem do tempo para o divórcio direto, a separação de fato deve ser contínua. A reconciliação por um período anula o tempo anterior de separação. Se o casal se separar novamente, deverá esperar outro período de dois anos a partir da última separação. Porém, contatos esporádicos, mesmo que íntimos, entre o casal não constituem ruptura da vida em comum.

CONSULTA

"Estou separado de fato de minha mulher há mais de dois anos e não estou pagando pensão alimentícia, pois ainda nem falamos sobre isso. Este fato me impede de obter o divórcio direto litigioso?"
Resposta: Não. E mesmo que você estivesse obrigado a pagar a pensão em razão de um processo de alimentos, ainda assim o débito com a pensão não seria obstáculo à obtenção de uma sentença favorável ao seu pedido de divórcio direto litigioso. Veja bem: só quem já fez o desquite e não está pagando a pensão constante do acordo é que não pode convertê-lo em divórcio, o que não é o seu caso."

de casada. Entretanto, a questão da culpa não será analisada para a mudança do nome de casada da mulher.

Outra possibilidade do pedido de divórcio direto é se um dos cônjuges sofre de grave doença mental, cuja cura é improvável, e o casal já não convive há dois anos ou mais. Se a doença não chegar a causar a ruptura da vida em comum, mas já durar mais de cinco anos, em lugar do divórcio direto, o caso é de desquite litigioso sem culpa, como já vimos.

A partilha dos bens no divórcio direto litigioso

A decretação do divórcio direto litigioso só depende da verificação pelo juiz da existência dos dois anos ou mais de separação de fato. Até mesmo a partilha dos bens do casal não é objeto de análise para a decretação do divórcio. Nisso, o divórcio direto litigioso se diferencia do divórcio direto amigável, pois, enquanto nesse último as partes devem providenciar a partilha dos bens, no divórcio direto litigioso a questão da partilha pode ficar para depois. E nem há a necessidade de mencionar a questão dos bens no pedido de divórcio. Na sentença que decretar o divórcio, o juiz pode fazer menção

FIQUE ATENTO!
Lembre-se: dependendo do regime do casamento, teremos as seguintes situações: a) comunhão universal de bens (todos os bens adquiridos/recebidos antes e durante o casamento são comuns); b) comunhão parcial de bens (apenas os bens adquiridos/recebidos durante o casamento são comuns); c) separação de bens (não há bens comuns, salvo estipulação em pacto antenupcial). E a partilha, no desquite ou divórcio litigioso, sempre deve levar em conta o regime de bens do casamento.

CONSULTA

"Estou separado de fato há mais de cinco anos e pretendo pedir o divórcio direto de minha ex-mulher. Só que, nesse período em que estamos separados de fato, recebi bens por doação de meus pais. Disseram-me que, como sou casado com comunhão universal de bens, terei de repartir com minha ex-esposa essa doação. É verdade?"

Resposta: Embora no regime da comunhão universal ou parcial de bens o patrimônio recebido/adquirido depois do casamento por qualquer meio seja propriedade comum a ambos os cônjuges, a maioria dos juízes entende que durante uma separação de fato por longo tempo, como a sua, os bens recebidos por doação, herança e trabalho próprio não devem ser partilhados. O que a Justiça não define bem é o que seja "separação de fato por longo tempo". Nossa pesquisa encontrou casos com cinco anos ou mais. Nada impede que o direito possa ser reconhecido em menor lapso de tempo.

a futura partilha de bens (que será feita via inventário judicial), dizendo que os bens comuns serão divididos em parte iguais.

Resumindo: Se, durante o processo do divórcio direto litigioso, as partes conseguirem entrar em acordo pelo menos quanto à divisão dos bens, o juiz, na sentença que decretar o divórcio, também reconhece e decreta a partilha dos bens. Mas se nem sobre a divisão dos bens houver acordo, o juiz decreta o divórcio e determina que a partilha seja feita posteriormente, observando-se o regime de bens do casamento.

DOCUMENTOS DEPOIS DO DIVÓRCIO

Quando a mulher voltar a utilizar o nome de solteira, deverá substituir seus documentos pessoais, requerendo a segunda via desses documentos para fazer a modificação do nome. Os documentos mais importantes que devem ser substituídos são: cédula de identidade (RG), careira nacional de habilitação (CNH), cadastro de pessoa física do Ministério da Fazenda (CPF), título de eleitor, carteira de trabalho e o passaporte.

Na parte que trata do desquite estão descritos os procedimentos para a troca dos referidos documentos.

Anulação do Casamento

AS DIFERENÇAS ENTRE DESQUITE, DIVÓRCIO E ANULAÇÃO DO CASAMENTO

Muita gente se pergunta por que anular o casamento em vez de simplesmente fazer o desquite ou divórcio. Primeiro, vamos analisar as diferenças entre a anulação e o desquite. Quem se desquita não pode voltar a se casar, mas quem tem o casamento anulado pode se casar novamente. Portanto, quem só se desquita fica ainda com a pendência de ter que fazer um processo de divórcio para voltar a se casar. E pode ainda continuar com o problema da partilha dos bens, uma vez que é possível haver desquite sem partilha dos bens. Além disso, há pessoas que preferem não continuar, socialmente, com o status de desquitado.

Já a diferença entre a anulação do casamento e o divórcio é menor, porque tanto o divórcio quanto a anulação do casamento permitem que a pessoa volte a se casar.

Entretanto, no que se refere à divisão dos bens, a anulação do casamento pelo regime da comunhão universal apresenta vantagens tanto em relação ao desquite como ao divórcio. Vamos explicar isso melhor. No desquite ou no divórcio, a partilha dos bens tem que ser feita rigorosamente conforme o regime de bens do casamento. Por exemplo, se A e B se casaram por comunhão universal de bens e depois se desquitam ou se divorciam, cada um fica com a metade de todos bens existentes, tanto os que os dois tinham antes do casamento quanto os que foram adquiridos durante o casamento. Entretanto, na mesma situação, a do casamento por comunhão universal, se A entra com processo de anulação do casamento contra B e a Justiça decreta a anulação por considerar B culpado, A recebe mais do que a metade de todos os bens. Isso acontece porque, quando o casamento é anulado, A recebe a metade do que B levou para o casamento, mais a metade de tudo que o casal adquiriu, ganhou ou recebeu durante o casamento, mas A não está obrigado a dividir com B os bens que tinha antes de casar. Portanto, para quem é casado por comunhão universal, a anulação, quanto à divisão dos bens, pode ser melhor do que o desquite ou o divórcio.

Vejamos agora outra diferença. Se A move um processo de desquite ou de divórcio contra B e ganha o processo, B, que perde o processo, pode ficar obrigado a pagar pensão alimentícia a A, se dela necessitar. Já se o processo movido por A for de anulação do casamento, B, que perdeu a causa, conforme entendimento predominante na Justiça, não está obrigado a pagar pensão a A. Então, para quem precisa de pensão alimentícia, talvez o desquite ou divórcio seja melhor que a anulação do casamento.

Com relação às demais questões (filhos, uso do nome, etc.), quase não há diferenças, em termos práticos, entre a anulação, o desquite e o divórcio. Mas só uma avaliação do caso concreto pelo profissional que vai atuar na causa poderá definir o tipo de processo que deve ser feito – e, em alguns casos, o fim do casamento só é possível via processo de anulação. Além disso, independentemente dos resultados práticos, os requisitos para se iniciar um processo de desquite, divórcio ou anulação apresentam diferenças que devem ser observadas a fim de que a pessoa que entra com o processo não tenha insucesso na causa e sofra prejuízos com isso.

Veja a seguir os requisitos para que um dos cônjuges – ou terceiro interessado – possa requerer a anulação de um casamento.

REQUISITOS PARA ANULAR O CASAMENTO

Pode-se anular um casamento quando ele for considerado inexistente, nulo ou anulável. Considera-se inexistente o casamento que não é reconhecido pela lei – perante esta, o ato de casar sequer existiu. Por isso, o casamento inexistente não produz nenhuma conseqüência prática considerada válida pelo direito.

Já o casamento nulo é aquele cuja realização (existência) é reconhecida pelo direito, embora os cônjuges tenham praticado o ato de forma contrária a certos requisitos legais. Mais: diferentemente do casamento inexistente, o casamento nulo é capaz de produzir, para os cônjuges, determinadas conseqüências jurídicas que são consideradas válidas pela lei.

Por fim, o casamento anulável – assim como o casamento nulo – é o que os cônjuges realizam cometendo alguma infração à lei. Só que, no casamento anulável, a infração à lei é menos grave e, por isso, o casamento só será desfeito se o cônjuge que foi prejudicado com a violação à lei pedir a anulação do casamento. Se isso não ocorrer, embora contrariando certas regras jurídicas, o casamento continua válido. Já em se tratando de casamento nulo – por serem mais graves as violações à lei –, mesmo que os cônjuges se calem, outras pessoas, e também um promotor de justiça, podem requerer a anulação do casamento perante a Justiça.

Vale ainda lembrar que, sendo anulável o casamento, existem prazos para o pedido de anulação, enquanto nos casos de casamentos inexistentes e nulos o pedido de anulação pode ser feito a qualquer tempo.

A seguir você verá as diversas situações em que o casamento pode ser desfeito (casamento inexistente, nulo e anulável).

Casamento inexistente

O casamento é inexistente quando for realizado por pessoas do mesmo sexo, quando não for celebrado na forma prevista pela lei ou quando a pessoa que se casa não manifesta seu expresso consentimento.

Pessoas do mesmo sexo

Li num processo de anulação de casamento que uma mulher dirigiu-se a um Cartório do Registro Civil de outra cidade e conseguiu registrar-se novamente, dessa vez como homem. De posse dos documentos que a declaravam do sexo masculino, ela pôde se casar com outra mulher. E esta mulher teve um filho, que "os cônjuges" registraram em nome deles, além de se apresentarem a todos como pais da criança. Mas muitas pessoas sabiam que o verdadeiro pai do menino era um ex-empregado da família.

Ao tomar conhecimento da história, o pai da moça que trocou o registro para se declarar como homem ficou indignado, mais ainda ao saber que tinha se tornado avô de um menino que verdadeiramente não podia ser seu neto. Diante disso, o suposto avô entrou na Justiça com um processo para anulação do casamento da filha. Além de chocado com o caso, ele estava preocupado com os efeitos que o casamento e o surgimento de filhos pudessem ter em termos de herança, já que se tratava de gente de muitas posses.

Ao julgar o caso, o Tribunal de Justiça de Minas Gerais declarou que a união de duas pessoas do mesmo sexo, "ainda quando solenemente feita, não constitui matrimônio, porque ele é, por definição, contrato do homem e da mulher, com o fim de satisfação sexual e de procriação".

De acordo com o tribunal, esse tipo de casamento deve ser declarado inexistente e pode ser anulado, a qualquer tempo, a pedido

FIQUE ATENTO!
A pena para o crime de falsidade ideológica varia de um a cinco anos de prisão e multa, se o documento for público, como é o caso da certidão de casamento, e de um a três anos de prisão e multa, no caso de documento particular, como ocorre em um contrato feito pelas próprias partes no qual não há a intervenção de um órgão público.

dos próprios "cônjuges" ou de seus pais, irmãos ou cunhados. Além do casamento, o tribunal anulou também o registro da criança como filho da mulher que se declarou do sexo masculino.

Além da anulação do casamento, as pessoas que fazem essas alterações no registro de nascimento são processadas pelo crime de falsidade ideológica, que consiste em fazer constar, em documento público ou particular, informação falsa ou diferente da que deveria constar.

Falta de celebração

O casamento é um ato solene, isto é, deve ser realizado perante a autoridade competente, cumpridas certas formalidades previstas em lei. O casamento sem celebração na forma da lei – como, por exemplo, o realizado por escritura pública ou documento particular de casamento temporário – é considerado inexistente, assim como o casamento realizado por pessoa que afirme falsamente ser a autoridade competente (o juiz de casamento ou outra autoridade definida por lei estadual).

Há algumas situações em que o casamento é válido, embora não seja celebrado pelo juiz competente (casamento civil). O casamento religioso com efeitos civis é um exemplo. Trata-se do casamento que é celebrado pela autoridade competente da Igreja (católica, protestante, muçulmana, israelita, etc.) e, depois de cumpridas as demais formalidades exigidas pela lei, é registrado como casamento civil. Outro caso é o do casamento no qual um dos noivos está em iminente risco de vida. Não sendo possível a presença do juiz competente ou de seu substituto, o casamento é celebrado pelos noivos na presença de seis testemunhas que não tenham parentesco em linha reta com os nubentes – como pais, avós, filhos – nem sejam irmãos ou cunhados. Nos cinco dias seguintes ao casamento, as testemunhas serão ouvidas pelo juiz (o novo Código Civil, que entrará em vigor em 11 de janeiro de 2003, amplia esse prazo para dez dias). Essas testemunhas terão de declarar que foram convidadas pelo enfermo, que parecia estar em risco de vida, e, em sua presença, os noivos declararam receber-se por marido e mulher. O juiz poderá apurar, por outros meios que achar necessários, se o casamento poderia ter ocorrido pelo modo comum. Após verificar se os cônjuges não estavam impedidos para o casamento, o juiz decidirá pela confirmação ou não do casamento. Se válido, o casamento será registrado com a data da celebração.

Ausência de consentimento

O casamento realizado com algum vício de consentimento, como o casamento forçado, é anulável. Já o casamento realizado sem que um dos noivos tenha expressado seu consentimento é inexistente. É o caso de alguém que assume a identidade do noivo e se casa em seu lugar.

Casamento nulo

O casamento é nulo em caso de incesto ou bigamia, assim como quando é realizado entre adúlteros ou entre o cônjuge sobrevivente e o condenado pelo homicídio (ou sua tentativa) do outro cônjuge.

Incesto

A lei proíbe o casamento entre ascendentes e descendentes (pai e filha, avô e neta, bisavô e bisneta), entre irmãos, seja qual a filiação (irmãos só por parte de pai ou de mãe – ou de ambos). Também não podem se casar os parentes por afinidade em linha reta. São parentes por afinidade em linha reta: sogro e nora, sogra e genro, padrasto e enteada, madrasta e enteado. Assim, um homem que se casou e logo ficou viúvo não pode casar com a sogra, ainda que ela seja uma mulher de sua idade ou até mais nova.

A proibição do casamento entre parentes por afinidade existe mesmo que essa afinidade não decorra do casamento. Assim, um filho não pode se casar com a ex-concubina de seu pai, nem o pai com a ex-concubina do filho. Nesse caso, porém, a proibição é uma questão discutível na doutrina jurídica. Mas um homem que ficou viúvo pode se casar com a irmã de sua ex-mulher, porque, nesse caso, a afinidade não era em linha reta.

Se houver desobediência às regras acima, o casamento poderá ser anulado. Os parentes (pais, irmãos) das pessoas envolvidas nesses casamentos ou um promotor de justiça podem, a qualquer tempo, entrar com o processo de anulação.

Bigamia

A pessoa que, ainda estando casada, se casa novamente, pode ter o segundo casamento anulado. Além disso, comete o crime

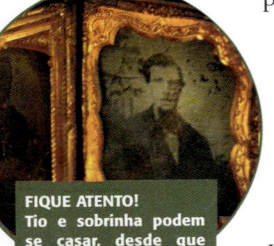

> **FIQUE ATENTO!**
> Comete crime de conhecimento prévio de impedimento quem contrair casamento conhecendo a existência de impedimento que lhe cause a nulidade absoluta. São casos de nulidade absoluta o casamento entre parentes (incesto), o casamento entre adúlteros, e entre o cônjuge sobrevivente e o condenado pelo homicídio (ou sua tentativa) do outro cônjuge. A pena para quem pratica o crime de conhecimento prévio de impedimento é de três meses a um ano de prisão. A bigamia também é caso de nulidade, mas constitui outro crime, mais grave.

> **FIQUE ATENTO!**
> Tio e sobrinha podem se casar, desde que apresentem um "certificado pré-nupcial". Trata-se de um laudo prévio, assinado por dois médicos que atestem que o casamento não trará problemas para eles ou para seus futuros filhos. Também não estão proibidos de casar primos e primas.

de bigamia, cuja pena varia de dois a seis anos de prisão. A pessoa que sabe que seu pretendente já é casado e mesmo assim resolve realizar o casamento também comete o crime, mas nesse caso a pena de prisão é menor, de um a três anos.

Em caso de bigamia, a anulação do casamento pode ser pedida na Justiça, a qualquer tempo, por um dos cônjuges, por um promotor de justiça ou por qualquer pessoa que saiba do caso de bigamia.

> **CONSULTA**
>
> *"Meu marido está desaparecido há mais de vinte anos. Nesse tempo, tive alguns namorados, nada muito sério, e por isso não me interessei em procurar saber se o casamento ainda tinha validade ou não. Acontece que há um ano estou namorando uma pessoa com quem pretendo me casar. Há algum impedimento? Como devo proceder?"*
>
> **Resposta:** A lei proíbe o casamento de pessoas já casadas. No seu caso, embora esteja separada de fato há muitos anos, você ainda não está divorciada. O reconhecimento da ausência de um dos cônjuges não dá ao outro o direito de se casar. A saída será propor uma ação de divórcio direto e, só depois da concessão do divórcio, vocês poderão se casar.

Casamento entre adúlteros

O casamento do cônjuge adúltero com a pessoa com quem praticou o adultério é considerado nulo pela lei. Mas, para que o casamento seja anulado, é preciso que ambos tenham sido condenados pela Justiça por crime de adultério.

A jurisprudência e a doutrina têm entendido que a anulação e até mesmo o impedimento para o casamento são medidas muito severas, mas, enquanto não for retirado da lei, tal impedimento pode ser invocado para impedir a realização do casamento ou para fundamentar um pedido de anulação.

Casamento com o rival do cônjuge

A lei proíbe que um ex-marido ou ex-mulher se case com alguém que matou ou tentou matar seu ex-cônjuge. Mas, para isso, é preciso que o rival do cônjuge morto ou ferido tenha sido condenado pela Justiça pela prática do crime.

Assim, se Antônio e Paula eram casados e Pedro matou ou tentou matar Antônio, se Pedro for condenado pela Justiça pelo crime de homicídio ou tentativa de homicídio, não poderá se casar com Paula. Porém, se o crime praticado por Pedro foi por descuido ou por uma imprudência (crime culposo), e não com a intenção de matar (crime doloso), não há impedimento para o casamento com Paula.

Casamento anulável

Todo mundo conhece a célebre pergunta feita pelo juiz de paz aos nubentes: "É de livre e espontânea vontade que aceita casar-se com fulano de tal, amando-o e respeitando-o, etc.?" Essa frase, repetida à exaustão e representada no cinema e na TV em situações as mais diferentes possíveis, não é uma mera formalidade, nem um simples apego às tradições. A pergunta ritual contém uma importante informação para a validade do casamento. Uma das condições do casamento é a livre manifestação de vontade dos nubentes. Ninguém pode ser forçado a casar-se, nem por seus familiares, nem pelos familiares do outro. Antigamente – e hoje em dia em alguns países – eram os pais ou os responsáveis que escolhiam com quem o filho ou a filha iria se casar. Isso não existe no Brasil, como na maioria dos países. O casamento forçado, ou seja, com vício de consentimento, é passível de anulação.

CONSULTA

"Casei-me com uma pessoa amável, paciente, gentil, cortês e solícita, tudo o que se pode esperar de um homem. Porém, passado um tempo, ele se revelou um outro ser: agressivo, louco de ciúmes, ranzinza e com falhas de caráter que eu não conhecia. Não consigo mais ficar casada com o homem que meu marido revelou ser. O que fazer? Peço a anulação de casamento ou a separação?"

Resposta: Como não são todos os tipos de incompatibilidades e desarmonias que dão direito a pôr fim a um casamento, você pode pedir os dois. Explico: você pode, em um mesmo processo, pedir a anulação de casamento – no seu caso, por erro quanto à pessoa – e, de modo alternativo, a separação litigiosa. O juiz pode entender que as provas não são suficientes para anular o casamento, mas justificam o desquite.

Menores

O casamento realizado por mulher menor de 16 anos ou por homem menor de 18 anos pode ser anulado.

Se a mulher já tiver completado 16 anos e o homem 18 anos, os jovens já podem se casar, mas precisam de autorização dos pais. Se os pais negarem a autorização, os menores podem pedir a um juiz que dê a autorização em lugar dos pais. Isso é feito por meio de um processo que se chama "ação de suprimento de consentimento". Os próprios menores podem contratar um advogado para representá-los nesse processo, que demora menos de um mês. O mesmo tipo de processo pode ser proposto pelo menor em caso de morte dos pais. Importante: com o novo Código Civil Brasileiro, que entrará em vigor em 11 de janeiro de 2003, o homem, com autorização dos pais, vai poder se casar a partir dos 16 anos.

No caso acima, se ocorrer o casamento sem autorização dos pais ou do juiz, o casamento pode ser anulado, a pedido dos pais, no prazo de três meses contados do casamento. Depois desse prazo, o casamento dos menores não pode ser anulado.

Menor grávida

A menor de 16 anos não pode casar ainda que os pais autorizem o casamento. Mas a lei abre uma exceção: permite o casamento da menor de 16 anos caso ela fique grávida. Também em caso de sedução é permitido o casamento da moça seduzida menor de 16 anos e do rapaz sedutor menor de 18 anos.

Erro quanto à pessoa

Outra possibilidade de anulação do casamento ocorre quando, após o casamento, um dos cônjuges descobre que o outro possui peculiaridades que, se conhecidas antes, inviabilizariam o casamento. É o chamado erro quanto à pessoa. Não é qualquer mania ou esquisitice que enseja a anulação do casamento, mas situações que, por envolver a moral, a reputação, a saúde ou qualquer outro aspecto da conduta do outro cônjuge, sejam capazes de tornar insuportável a convivência do casal e, assim, inviabilizem o casamento. Além do mais, é necessário que o cônjuge inocente não tivesse conhecimento dessa condição antes da realização do casamento. O prazo para requer a anulação por erro quanto à pessoa é de dois anos.

> **FIQUE ATENTO!**
> A incapacidade absoluta dos noivos – ou de um deles – em expressar a vontade de se casar também vicia o casamento e possibilita sua anulação. Os surdos-mudos que não conseguem se expressar, os doentes mentais e os menores de 16 anos são considerados incapazes e por isso não podem se casar. Já a incapacidade relativa em expressar a vontade, que também impossibilita o casamento, pode ser suprida pelo consentimento de um representante, como pais, tutores ou curadores.

CONSULTA

"Conheci há alguns meses um rapaz por quem me apaixonei e começamos a namorar. Porém, ele desconhece minha "atividade profissional" – sou o que costumam chamar de garota de programa, ou seja, prostituta. Já começamos a falar seriamente em casamento, mas não tenho coragem de contar a ele . O que fazer? Há algum problema se eu não contar?"

Resposta: Há dois problemas. Se após o casamento ele descobrir o que você fazia antes de se casar e sentir-se enganado quanto à sua reputação, terá o direito de pedir a anulação do casamento. Além disso, contrair casamento, induzindo em erro essencial o outro contraente (esconder que já é casado, por exemplo) é crime de induzimento a erro essencial e ocultação de impedimento. Esconder a condição de garota de programa, como no seu caso, ou fazer o outro acreditar que possui uma situação econômica e social privilegiada, bem como omitir a condição de portador de doença grave e transmissível, pondo em risco a vida ou a saúde do outro cônjuge, são exemplos de atos que caracterizam crime de induzimento a erro essencial. A condição de pai, avô, filho, neto, filho adotado, irmão ou irmã do cônjuge constitui impedimento que, se sabido e não revelado ao outro cônjuge, caracteriza crime de ocultação de impedimento. As penas para quem pratica tais crimes é de seis meses a dois anos de prisão. Importante: nem sempre um fato desconhecido do cônjuge é crime, mesmo que ele se sinta enganado. Por exemplo: uma pessoa pode ser parente da outra e não saber – logo, não quis enganar. E esse tipo de crime deve envolver a intenção de enganar (dolo). Outro exemplo: digamos que o marido não negue à mulher que é ligado a uma determinada seita religiosa, mas, por displicência, não deixe claro o quanto está envolvido. Se depois do casamento ela perceber que o marido é um fanático e tem atitudes que inviabilizam o casamento, pode conseguir a anulação, mas ele pode se livrar de responder criminalmente pela ocultação do fato.

ERROS QUE DÃO DIREITO À ANULAÇÃO DO CASAMENTO

Impotência sexual

Eles já estavam casados havia mais de um mês, mas ele ainda não tinha conseguido manter uma relação sexual com a mulher, embora já tivesse tentado de todas as formas.

Por causa da impotência do marido, ela ajuizou um processo para anular o casamento. Nesse processo, o juiz determinou que fosse realizada uma perícia médica em ambos os cônjuges. O exame médico demonstrou que a mulher não possuía nenhuma anormalidade física ou psíquica para o ato sexual. Mas o marido, embora às vezes tivesse ereção, podendo até manter relação sexual com outras mulheres, não o conseguia com a esposa. Em depoimento ao juiz, as próprias partes confessaram que, uma vez ou outra, o marido teve ereção, mas nunca com a permanência necessária ao ato sexual, esperado e pleno. O próprio marido disse ao juiz que tinha "um certo bloqueio" em relação à mulher, embora gostasse muito dela e a considerasse sua "alma gêmea".

Diante das provas e da confissão dos cônjuges, o tribunal decretou a anulação do casamento com base na impotência do marido.

Nos casos de impotência, ainda que o marido esteja em tratamento de saúde, os tribunais têm decidido que "a esposa não há de esperar indefinidamente que uma circunstância imprevista e aleatória venha beneficiar o companheiro, a fim de que ele possa preencher uma das finalidades precípuas do casamento".

A impotência que constitui motivo para a anulação do casamento é a impotência que impede a relação sexual normal e plena entre os cônjuges ("impotência coeundi"). A impotência relacionada à esterilidade, que apenas impede a procriação ("impotência generandi"), não dá direito à anulação do casamento.

FIQUE ATENTO!
Para a Justiça, o casamento é uma relação exclusivamente pessoal e, por isso, o marido tem a obrigação de ser apto para o sexo com a sua mulher. E o fato de ele se realizar sexualmente fora do casamento não o dispensa desse dever.

O processo de anulação deve ser ajuizado, pelo cônjuge enganado, no prazo de dois anos contados da data da celebração do casamento, desde que este venha a saber do problema só depois de casado.

CONSULTA

"Meu marido não conseguia manter relações sexuais comigo. Depois de muito esforço, consegui a anulação do meu casamento na Justiça. Agora desejo me casar novamente, mas descobri que, embora meu casamento esteja anulado, não posso me casar na Igreja Católica. O que fazer?"

Resposta: Tanto o divórcio quanto a anulação de casamento põem fim ao casamento e aos efeitos civis do casamento religioso, mas não extinguem este último. Porém, é possível a anulação de um casamento religioso. Para isso, você precisa mover um processo de anulação perante o Tribunal Eclesiástico Regional, com base no direito canônico, que tem leis e procedimentos próprios que regulamentam, entre outras coisas, a anulação de casamento religioso. Você pode fazer o pedido sem advogado, e o Tribunal Eclesiástico lhe oferecerá um profissional para acompanhar sua causa. Mas você também pode contratar um advogado especializado no assunto. Anulado o casamento religioso, você poderá voltar a se casar na Igreja Católica.

Medo do sexo

Chegam aos tribunais casos de mulheres que sofrem de coitofobia, ou seja, que têm medo ou horror ao sexo. Esses sintomas são comprovados por perícia médica e, às vezes, pelo depoimento das próprias mulheres.

Assim como a impotência sexual masculina, as mulheres que apresentam tais sintomas dão ao marido o direito de obter a anulação do casamento.

A conclusão dos tribunais em casos desse tipo é a de que "o cônjuge que se recusa, de modo absoluto, ao ato sexual, jamais manifestou a vontade de se casar, tendo querido apenas, com o ato matrimonial, realizar qualquer coisa que não pode ser havida por casamento no sentido jurídico do termo".

Doença anterior ao casamento

Veja esta história retirada de um processo de anulação de casamento. Conta a mulher que entrou com o processo: "Ele parecia um santo antes de casar, mas, poucos dias depois do casamento, entregou-se à bebida, ao jogo e passou a tomar fortes doses de calmantes. Além disso, começou a me maltratar e a ameaçar. Fui tomando aversão ao meu marido, não agüentei e me mudei para a casa dos meus pais".

No processo, o juiz determinou que fosse realizada uma perícia para avaliar a saúde mental do marido. O exame psiquiátrico concluiu tratar-se de "um paciente deprimido, angustiado, efetivamente tendendo à depressão e à revolta, sendo portador de idéias deliróides e mostrando-se explosivo por pequenas coisas". Além de atestar uma "personalidade psicopática do tipo esquizóide", o exame psiquiátrico deixou claro que a doença do marido era grave e transmissível aos filhos do casal. Também ficou provado que a doença existia antes do casamento e que a mulher se casou sem saber que o cônjuge era portador da doença. Com base nessas provas, o tribunal reconheceu que era insuportável a convivência do casal e decretou a anulação do casamento por erro quanto à pessoa.

FIQUE ATENTO!
É preciso lembrar que, para anular um casamento por motivo de doença, o cônjuge que se sente prejudicado precisa provar que a doença existia antes do casamento e que se casou sem saber desse fato. E o processo para a anulação do casamento, nesse caso, terá de ser ajuizado pelo cônjuge que se sentir enganado no prazo de dois anos a partir do casamento.

Como o caso acima, sempre que preexistir doença grave, física ou psíquica, que possa ser transmissível ao cônjuge ou aos filhos, pode haver anulação do casamento por erro quanto à pessoa. São exemplos dessas doenças: sífilis, gonorréia, tuberculose, hemofilia, epilepsia, esquizofrenia, Aids, etc.

Sexo para procriar

Examinei num processo a situação de uma mulher que não conseguia convencer o marido a manter relações sexuais com ela, porque ele alegava que a seita religiosa a que pertencia só permitia o sexo com a finalidade de ter filhos.

A mulher não se conformou com isso e pediu a anulação do casamento. No tribunal, o marido provou que, antes do casamento, a mulher já sabia das proibições da religião, inclusive no que se referia a manter relações sexuais somente por prazer.

O tribunal aceitou as provas apresentadas pelo marido e não anulou o casamento. Deixou claro que, nesse caso, o casamento só seria anulado se a mulher tivesse se casado sem saber do comportamento do marido.

Quando o cônjuge que se sente prejudicado com o casamento não consegue anulá-lo, terá de tentar o desquite ou o divórcio, conforme o caso.

Homossexualismo

Diante de provas do homossexualismo ou da própria confissão do cônjuge de que é homossexual, o juiz decreta a anulação do casamento, por considerar o outro cônjuge vítima de um erro quanto à identidade moral da pessoa com quem se casou. Servem como provas fotos, informações sobre os lugares que o cônjuge freqüenta, investigações, gravações, testemunhas, cartas, etc.

Em todos os casos de homossexualismo, ativo ou passivo, o cônjuge que se sente prejudicado pode anular o casamento, desde que prove que casou sem saber do comportamento homossexual do outro cônjuge. O prazo para entrar com o processo de anulação de casamento é de dois anos, e só o cônjuge prejudicado pode ajuizá-lo, desde que só fique sabendo do erro quanto à pessoa depois de se casar, ignorando-o anteriormente.

Concubinato anterior ao casamento

Veja mais uma história pesquisada entre casos que chegam à Justiça. Eles se conheceram em Recife. Ela estava de férias e ele a serviço da empresa. Voltaram a se encontrar em São Paulo e, depois de um curto período de namoro e noivado, casaram-se. Uma semana depois da lua-de-mel, ele confessou à esposa que vivia em concubinato com outra mulher, com quem tinha dois filhos. Acrescentou que, nos últimos tempos, estava meio separado da concubina, mas que não poderia se separar dela completamente. E propôs à esposa a convivência pacífica em um triângulo amoroso.

Com base no que ouviu e descobriu, a mulher entrou na Justiça para anular o casamento. O tribunal reconheceu que a esposa havia sido enganada quanto à "honra e boa fama do marido" e decretou o fim do casamento.

É preciso lembrar que nem todos os casos de concubinato anteriores ao casamento são considerados ilícitos. A anulação do casamento, nessa situação, depende muito das circunstâncias do caso. Além disso, vale lembrar que não tem direito à anulação do casamento o cônjuge que, antes de se casar, sabia do concubinato do outro cônjuge, ou que, mesmo sabendo depois do casamento, aceitou a situação durante algum tempo. O prazo para pedir a anulação do casamento é de dois anos a partir de sua realização.

Promessa de casamento religioso

Eis um caso interessante. Ele era ateu, mas, estando apaixonado, prometeu à noiva casar-se também no religioso. Confirmou a promessa a toda a família da moça, aos amigos comuns, e chegou até a contratar uma organista para tocar no cerimônia religiosa uma música muito especial para a noiva.

Ele sabia que a moça havia tido uma rígida educação religiosa: ela lhe dissera, uma vez, que o casamento não tinha nenhum sentido "sem a bênção da Igreja Católica".

Casaram-se no civil e marcaram o casamento religioso para dois meses depois.

Em viagem de lua-de-mel, quando passavam pela cidade de Aparecida, a esposa quis conhecer a famosa igreja local. Ele se recusou terminantemente. Brigaram ali mesmo. Ele disse a ela que não se casaria na igreja "nem à força". Na primeira parada, ela aproveitou a chave no contato e saiu em disparada no carro, que era de seu pai, de volta para São Paulo, deixando o marido a ver navios num restaurante de beira de estrada.

A esposa requereu a anulação do casamento, por ter sido enganada e ludibriada em sua boa fé. O tribunal acolheu o pedido e anulou o casamento. De acordo com o tribunal, "a religiosidade é estado de espírito tão respeitável quanto o são os maiores bens da vida. Tão respeitável quanto o direito de não cultuar religião alguma". A sentença destacou ainda que, de acordo com as provas, o "réu agiu levianamente, mostrando deformação de caráter, que torna insuportável a vida em comum".

Procurado pela Justiça

Ele trabalhava como corretor de imóveis, mas disse a ela que esse trabalho seria só por pouco tempo. O que lhe interessava mesmo estava em Minas Gerais: eram mais de 200 alqueires de terras e muitas cabeças de gado que havia recebido como herança de seus pais e que, em breve, iria vender para empregar o dinheiro em imóveis, em São Paulo.

Ela acreditou na estabilidade econômica do futuro marido e pouco tempo depois se casaram.

Passados alguns meses, ele não conseguia vender as terras em Minas e o padrão de vida do casal era bem aquém do esperado.

A mulher passou a desconfiar da história do marido e investigou o seu passado. Descobriu que ele não era proprietário de terras nem de gado em Minas Gerais e, além disso, já havia sido condenado uma vez por crime de apropriação indébita e estava respondendo a um processo por roubo de carro.

Com base em suas descobertas, a mulher recorreu à Justiça, alegando que havia sido enganada pelo marido. Diante das provas apresentadas, o tribunal declarou que a mulher havia sido vítima de um "estelionato matrimonial" e decretou a anulação do casamento.

Sempre que um dos cônjuges tiver um péssimo caráter, estando envolvido com crimes e trapaças, e esconder isso do cônjuge antes de casar, dá motivo ao cônjuge prejudicado para pedir a anulação do casamento no prazo de dois anos contados da data do casamento.

CONSULTA

"Meu marido vive querendo 'pôr o chapéu onde o braço não alcança', como se diz. Faz questão de ostentar riqueza e um status que não temos, quando nossa realidade é bem outra. Por causa desse procedimento dele, estamos sendo processados na Justiça por muitas dívidas, nosso nome consta do Serviço de Proteção ao Crédito (SPC), mas ele não muda seu comportamento. O que mais me magoa é que, antes de casar, ele se dizia bom administrador, econômico e anticonsumista. Posso anular o casamento?"

Resposta: Se você conseguir provar que realmente "comprou gato por lebre" – que foi vítima de fraude no casamento e que a pessoa que você conheceu antes nada tem a ver com a que agora se apresenta –, seu casamento tem chances de ser anulado pela Justiça. Mas, para ser capaz de anular o casamento, o erro quanto à pessoa, isto é, o engano ou impressão falsa em relação a alguém, precisa ser grave, ou seja, a vítima precisa provar que o erro atinge um aspecto essencial da personalidade do cônjuge. Pequenas frustrações e decepções não dão direito à anulação do casamento por erro quanto à pessoa. Por exemplo, uma pessoa que era "boazinha", cordata, antes do casamento, mas que depois, na convivência, se revela um outro ser, capaz de humilhar, menosprezar constantemente o consorte (principalmente – mas não só – em público), pode ser alvo de processo de anulação do casamento por "erro essencial quanto à personalidade". Mas fique claro: para decidir, o juiz examinará todo um conjunto de circunstâncias, alegações, indícios e provas, e, por isso, só o exame do caso concreto pode revelar se a distorção do comportamento é suficientemente forte para ensejar anulação do casamento.

Virgindade

Ainda está em vigor o artigo do Código Civil que diz que a perda da virgindade dá ao marido o direito de pedir a anulação do casamento. Mas, para isso, é preciso que o marido tenha se casado sem saber que a mulher não era mais virgem.

Além disso, o marido perde esse direito se não entrar com o processo de anulação no prazo de dez dias contados da data do casamento.

Importante: essa discriminação contra a mulher tem dias contados: acaba no dia 11 de janeiro de 2003, quando entrará em vigor o novo Código Civil Brasileiro.

O direito de quem foi forçado a dizer "sim"

As pessoas devem manifestar de forma livre e espontânea sua vontade de casar. Se isso não acontece, porque houve coação, o casamento pode ser anulado. São comuns os casos de casamentos arrumados, em que os noivos não se casam por amor, mas por interesse ou conveniência da família, assim como os casamentos feitos na delegacia, em que o noivo é forçado a casar-se pelo delegado ou pelo pai da noiva. A lei, porém, proíbe tais casamentos. Os noivos só podem se casar se manifestarem de livre e espontânea vontade o desejo de contrair matrimônio.

A Justiça de Curitiba decretou há algum tempo a anulação do casamento de um rapaz de 18 anos que foi obrigado pelo pai a casar-se com uma vizinha, com quem já namorava havia muito tempo. Ao saber que a moça estava grávida, o pai do rapaz ameaçou deserdá-lo e colocá-lo para fora de casa, além de lhe cortar a mesada, caso não se casasse.

Ao julgar o caso, o tribunal considerou que o fato de o pai do rapaz ter princípios morais rígidos não o autorizava a obrigar o filho a se casar.

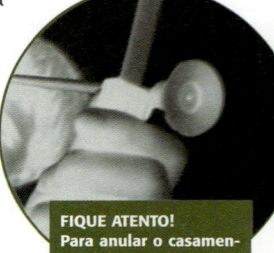

FIQUE ATENTO!
Para anular o casamento por coação, é preciso que o cônjuge que se sente coagido ajuíze um processo judicial no prazo de dois anos contados da celebração do casamento. Depois desse prazo, o casamento não pode ser mais anulado.

Muitas vezes, a coação vem do pai ou de familiares da moça. Há alguns anos, a Justiça de São Paulo apreciou um caso de coação em que o pai da moça, ao saber que a filha de 15 anos vinha mantendo relações sexuais com o namorado de 17 anos, procurou o rapaz e ameaçou: "Ou casa com a minha filha ou vai morrer". Antes, o rapaz já havia recebido cartas e telefonemas ameaçadores dos irmãos e tios da moça.

Diante das pressões e ameaças, o rapaz concordou com o casamento, mas logo depois da cerimônia deixou a moça na casa dos pais e nunca mais voltaram a conviver juntos.

O tribunal reconheceu que, diante da ameaça direta do pai da moça e das pressões feitas por familiares, ficou caracterizada a coação e foi decretada a anulação do casamento.

Cabe à Justiça apreciar em cada caso se houve ou não coação para obrigar a pessoa a concordar com o casamento. Simples conselhos ou pedidos, ainda que feitos com muita insistência, não caracterizam coação. É preciso que as provas apresentadas convençam o juiz de que as pressões físicas, econômicas ou morais foram suficientes para impedir a vontade livre e consciente da pessoa que alega coação.

Fique atento para os novos prazos para processos de anulação de casamento, estabelecidos no novo Código Civil Brasileiro, que entra em vigor em 11 de janeiro de 2003:

a) no caso de a pessoa ter sido incapaz de consentir ou manifestar, de modo inequívoco, seu consentimento, prazo de 180 dias contados da celebração do casamento;

b) se a autoridade celebrante não tinha competência para realizar o casamento, prazo de dois anos contados da celebração do casamento;

c) em caso de erro essencial quanto à pessoa, três anos contados da celebração do casamento;

d) se houve coação, quatro anos contados da celebração do casamento;

e) no caso de casamento de menor de 16 anos, 180 dias a contar da data em que o menor completou essa idade, se a ação é proposta pelo próprio menor; e da data do casamento, se a ação é proposta por seus representantes legais ou ascendentes.

FIQUE ATENTO!
Como no desquite e em alguns casos no divórcio, antes do ajuizamento da ação de anulação de casamento pode-se requerer a separação de corpos, bem como pensão alimentícia para o cônjuge inocente.

CONSEQÜÊNCIAS DE UM CASAMENTO ANULADO

Os bens

Se ambos os cônjuges forem inocentes (por exemplo, irmãos que se casam sem saber que são irmãos), quando há a anulação do casamento, a partilha dos bens segue as regras de cada um dos regimes de bens do casamento, conforme já explicado.

Já no caso de o casamento ser anulado por culpa de um dos cônjuges, o cônjuge inocente leva vantagens se o regime de bens for o da comunhão universal, como foi explicado no início deste capítulo.

Além disso, se o cônjuge culpado pela anulação do casamento morrer antes do final do processo e não tiver herdeiros, o cônjuge inocente herdará todos os bens – tanto os bens exclusivos do falecido quanto a metade dos bens a que o falecido tinha direito por serem comuns ao casal.

Mais: se o cônjuge culpado pela anulação tiver prometido doar algum bem ao cônjuge inocente em razão do casamento, será obrigado a cumprir a promessa mesmo que o casamento seja anulado.

Os filhos

A anulação de um casamento não atinge os direitos dos filhos. Para eles, salvo os abalos emocionais, juridicamente é como se o casamento não tivesse sido anulado. Vale lembrar que o direito à posse e guarda dos filhos cabe ao cônjuge inocente.

O nome

Mesmo anulado o casamento, o cônjuge inocente tem o direito de continuar usando o nome do cônjuge culpado pela anulação.

A pensão

Assim como no processo litigioso de desquite e divórcio, se o cônjuge que entra com o pedido de anulação provar que precisa de pensão alimentícia, ela será concedida enquanto durar o processo. Só que, após o casamento ser anulado, mesmo que tenha razão e o outro cônjuge seja declarado culpado pela anulação, o cônjuge inocente não terá o direito de continuar recebendo a pensão. Nesse ponto, a anulação do casamento se diferencia do desquite e do divórcio, já que, nestes, o cônjuge inocente, mesmo findo o processo, continua recebendo a pensão se dela precisar. No entanto, alguns juízes (por ora uma minoria) entendem que também no caso de anulação do casamento o cônjuge inocente tem o direito de continuar recebendo a pensão, mesmo depois de anulado o casamento.

O CUSTO DO PROCESSO E A CONTRATAÇÃO DO ADVOGADO

Quanto ao custo do processo, o que mais preocupa são os honorários do advogado. Eles são pagos em três situações. Primeira situação: ambos os cônjuges contratam um advogado (quando cada um não contrata o seu) para entrar com um processo amigável de desquite ou de divórcio. Segunda situação: o autor de um processo litigioso de desquite, divórcio ou anulação do casamento contrata um advogado para mover o processo, enquanto a pessoa contra a qual o processo foi movido (o réu) paga um advogado para defendê-la. Terceira situação: quem perde a causa (autor ou réu), além de pagar os honorários do seu advogado, paga também os honorários do advogado de quem a ganhou. São os honorários de sucumbência, assim chamados porque são pagos por quem sucumbe, ou seja, perde a causa.

FIQUE ATENTO!
O conceito de pessoa pobre ou carente pode variar em cada um dos serviços de assistência gratuita. Por isso, se você, mesmo não se considerando pobre, estiver com dificuldade de pagar um advogado, vale a pena conferir se sua situação não se enquadra num dos diferentes critérios estabelecidos pelos serviços de assistência gratuita. E questione se o serviço lhe for negado, até porque, em alguns casos, os critérios estabelecidos são apenas burocráticos e pouco razoáveis. Para saber onde encontrar serviço de atendimento jurídico gratuito em sua cidade, você pode se informar na prefeitura, no fórum, numa delegacia de polícia, ou pedir auxílio à telefonista sobre serviços como Defensoria Pública ou Procuradoria de Assistência Judiciária.

Entretanto, é possível não gastar com advogado. Embora as pessoas possam se sentir mais à vontade e mais seguras quando contratam seu próprio advogado, existem bons serviços de advocacia gratuita. Assim, pessoas consideradas pobres podem obter serviço jurídico gratuito oferecido pelos Estados e municípios por meio de Defensorias Públicas ou Procuradorias de Assistência Judiciária. E também podem obter o mesmo serviço gratuito oferecido por faculdades de direito, entidades comunitárias ou religiosas, além do serviço para carentes oferecidos por seções da Ordem dos Advogados do Brasil (OAB).

Embora exista uma tabela, o valor dos honorários varia de um profissional para outro. Na escolha do profissional, além do valor dos honorários, pesa a confiança e a segurança – são critérios que devem andar juntos. E, mesmo em momentos de apuro, fale com um, dois ou mais profissionais até se sentir seguro para a contratação. Essa segurança nasce da franqueza do profissional sobre os riscos e o tempo do processo, de seu empenho em ser paciente e claro quanto aos diferentes aspectos, detalhes e rumos da causa, assim como de sua disposição para atendê-lo e orientá-lo, principalmente em assuntos de família, em que os momentos de apreensão são freqüentes.

Pergunte tudo ao advogado – mesmo o que lhe parece mais óbvio. Peça estimativa de custos nas diferentes situações do processo, em relação à vitória ou perda da causa. Anote as principais informações recebidas, peça um roteiro sobre os passos do processo que vai ser ajuizado, e tire dúvidas sobre o contrato de honorários que vai assinar – documento que é importante para o profissional e para o cliente.

CONSULTA

"Tenho um amigo advogado que não vai cobrar pelo meu processo, ou talvez cobre um preço bem acessível. Terei outras despesas com o processo? E se eu não puder pagar?"

Resposta: Um processo envolve o pagamento de "taxas", que variam conforme o valor da causa, além de despesas com oficial de justiça, perícias, avaliação de bens, etc. Mas a Constituição Federal e a Lei Federal n.º 1.060, de 05/02/1950, dispensam do pagamento dessas taxas e despesas do processo pessoas que têm baixa renda, ou cujos rendimentos mensais só são suficientes para o sustento próprio ou de sua família. Assim, mesmo uma pessoa que é dona de bens (incluindo o imóvel em que mora) pode ser beneficiária da isenção das despesas de um processo. Importante: quem é beneficiário dessa gratuidade judiciária fica livre até do pagamento de honorários de sucumbência, caso venha a perder a causa, na condição de autor ou réu do processo. Informe-se com o advogado que vai atendê-lo a respeito desse direito, fundamental à cidadania.

"Contratei os serviços de um advogado para entrar com o processo de desquite litigioso contra meu marido. Mas não estou mais segura em relação aos procedimentos que ele vem adotando na condução do processo. Posso mudar de advogado?"

Resposta: Sim. E basta que você envie uma carta com aviso de recebimento (AR) ao seu advogado, dizendo que está revogando a procuração judicial que lhe foi passada e que o caso está sendo transferido para outro profissional. O advogado não poderá se opor, mas, se ele já tiver realizado parte dos serviços contratados, você deve lhe pagar os honorários de forma proporcional aos serviços que ele realizou.

"Eu e meu marido pretendemos fazer um divórcio amigável. Como temos um amigo que é advogado, gostaríamos de saber se existe algum impedimento para que ele faça o nosso divórcio."

Resposta: Nada impede que um advogado amigo do casal atue no processo. Mas, se depois de feito o divórcio, você e seu marido quiserem discutir na Justiça, por exemplo, questões relacionadas à pensão, à guarda e visita dos filhos, etc., o referido profissional não poderá advogar separadamente para nenhum dos ex-cônjuges.

ÍNDICE REMISSIVO

ABANDONO DO LAR 12, 45
AÇÃO ANULATÓRIA DE PARTILHA 38
AÇÃO DE ALTERAÇÃO DE GUARDA DE MENOR ... 60
AÇÃO DE DISSOLUÇÃO DE CONDOMÍNIO 31
AÇÃO DE MANUTENÇÃO DE
GUARDA DE FILHOS 58
AÇÃO DE PRESTAÇÃO DE CONTAS 14, 70
AÇÃO DE REINTEGRAÇÃO DE POSSE 34
AÇÃO DE SEPARAÇÃO DE CORPOS 10
AÇÃO DE SEPARAÇÃO JUDICIAL LITIGIOSA 39
AÇÃO REVISIONAL DE ALIMENTOS 38
AÇÃO REVISIONAL DE REGIME DE VISITAS 60
ADMINISTRAÇÃO DOS BENS DURANTE O
PROCESSO DE PARTILHA LITIGIOSA 70
ADULTÉRIO E DESQUITE LITIGIOSO 41, 42
ADULTÉRIO E PERDÃO DO CÔNJUGE TRAIDOR .. 43
ADVOGADO AMIGO DO CASAL 106
AGRESSÃO FÍSICA (SEVÍCIA)
E DESQUITE LITIGIOSO 46, 54
ALTERAÇÃO DO DESQUITE AMIGÁVEL 37
ANTECIPAÇÃO DO PAGAMENTO DA PENSÃO
ALIMENTÍCIA 63
ANULAÇÃO DA PARTILHA AMIGÁVEL DE BENS ... 38
ANULAÇÃO DE CASAMENTO (BOA FÉ) 99
ANULAÇÃO DE CASAMENTO 86
ANULAÇÃO DE CASAMENTO COM RIVAL DO
CÔNJUGE 92
ANULAÇÃO DE CASAMENTO DE
MENOR GRÁVIDA 94
ANULAÇÃO DE CASAMENTO DE PESSOAS DO
MESMO SEXO 89
ANULAÇÃO DE CASAMENTO E CONCUBINATO ... 98
ANULAÇÃO DE CASAMENTO E ERRO QUANTO
À PESSOA 94
ANULAÇÃO DE CASAMENTO E FALTA DE
CONSENTIMENTO 90
ANULAÇÃO DE CASAMENTO E
HOMOSSEXUALISMO 98
ANULAÇÃO DE CASAMENTO E IMPOTÊNCIA DO
MARIDO 95
ANULAÇÃO DE CASAMENTO E
RELAÇÕES SEXUAIS 96
ANULAÇÃO DE CASAMENTO E SEPARAÇÃO DE
CORPOS 100, 101
ANULAÇÃO DE CASAMENTO E VIRGINDADE ... 101
ANULAÇÃO DE CASAMENTO EM RAZÃO DE
DOENÇA GRAVE 97
ANULAÇÃO DE CASAMENTO ENTRE
ADÚLTEROS 92
ANULAÇÃO DE CASAMENTO ENTRE
MENORES 93
ANULAÇÃO DE CASAMENTO ENTRE
PARENTES 91
ANULAÇÃO DE CASAMENTO POR BIGAMIA 91
ANULAÇÃO DE CASAMENTO POR COAÇÃO ... 102
ANULAÇÃO DE CASAMENTO POR FALTA DE
FORMALIDADES 90
ANULAÇÃO DE CASAMENTO RELIGIOSO 99
AUMENTO DO VALOR DA
PENSÃO ALIMENTÍCIA 67
AUSÊNCIA DE DEFESA NO
DESQUITE LITIGIOSO 75
AVERBAÇÃO DO DESQUITE AMIGÁVEL 17
BENS RESERVADOS DA MULHER E
PARTILHA DE BENS 31
BUSCA E APREENSÃO DE MENORES 59
CÁLCULO DA PENSÃO ALIMENTÍCIA 23
CASAMENTO ENTRE TIO E SOBRINHA 91
CASAMENTO RELIGIOSO 99
CITAÇÃO E CONVERSÃO DO DESQUITE EM
DIVÓRCIO 77
CITAÇÃO NO DESQUITE LITIGIOSO 56
CITAÇÃO POR EDITAL 57
CIÚMES E DESQUITE LITIGIOSO 40
COMUNHÃO PARCIAL DE BENS 24, 32
COMUNHÃO UNIVERSAL DE BENS 23, 32
CONDUTA DESONROSA E
DESQUITE LITIGIOSO 39
CONFISSÃO 49
CÔNJUGE DESAPARECIDO E DIVÓRCIO 92
CÔNJUGE INOCENTE E INDENIZAÇÃO 47
CONTRATAÇÃO DO ADVOGADO 104, 105
CONVERSÃO AMIGÁVEL DO DESQUITE EM
DIVÓRCIO 77
CONVERSÃO LITIGIOSA DO DESQUITE EM
DIVÓRCIO 78
CRIME DE ABANDONO MATERIAL 44
CRIME DE ADULTÉRIO 41
CRIME DE BIGAMIA 91
CRIME DE DESOBEDIÊNCIA 58, 60
CRIME DE FALSIDADE IDEOLÓGICA 89
CRIME DE FALSO TESTEMUNHO 50
CRIME DE VIOLAÇÃO DE COMUNICAÇÃO
TELEFÔNICA 54
CURADOR 48, 57
DANOS MORAIS E DESQUITE LITIGIOSO 39
DELEGACIA DA MULHER 54
DEPOIMENTO PESSOAL 49
DESISTÊNCIA DO DIREITO À
PENSÃO ALIMENTÍCIA 20
DESPESAS DE UM PROCESSO JUDICIAL 104
DESQUITE AMIGÁVEL 15
DESQUITE AMIGÁVEL E RECONCILIAÇÃO 34
DESQUITE AMIGÁVEL SEM PARTILHA DE BENS ... 27
DESQUITE ANTES DO DIVÓRCIO 15
DESQUITE CONSENSUAL 15
DESQUITE EM RAZÃO DE DOENÇA GRAVE 73
DESQUITE LITIGIOSO 39
DESQUITE LITIGIOSO E CULPA RECÍPROCA ... 43
DESQUITE LITIGIOSO E PRÁTICA DE CRIME ... 39

DESQUITE SEM CULPA 72, 73
DEVER DE ASSISTÊNCIA MATERIAL E DESQUITE
LITIGIOSO 44
DEVER DE ASSISTÊNCIA MORAL E DESQUITE
LITIGIOSO 44
DEVER DE COABITAÇÃO E
DESQUITE LITIGIOSO 14, 45
DEVER DE CONVIVÊNCIA E
DESQUITE LITIGIOSO 45
DEVER DE FIDELIDADE E
DESQUITE LITIGIOSO 10, 41
DEVER DE MÚTUA ASSISTÊNCIA 44
DEVER DE RESPEITO MÚTUO E
DESQUITE LITIGIOSO 46
DEVOLUÇÃO DO VALOR DA
PENSÃO ALIMENTÍCIA 65
DIREITO À INTIMIDADE 55
DÍVIDAS DO CASAL E A PARTILHA DE BENS 27
DÍVIDAS E DESQUITE LITIGIOSO 40
DIVÓRCIO DIRETO 80
DIVÓRCIO DIRETO AMIGÁVEL 82
DIVÓRCIO DIRETO CONSENSUAL 80
DIVÓRCIO DIRETO AMIGÁVEL
POR PROCURAÇÃO 81
DIVÓRCIO DIRETO LITIGIOSO 82
DOAÇÃO DE BENS NA
PARTILHA AMIGÁVEL 25, 26
DOAÇÃO E PAGAMENTO DE IMPOSTO 26
DOCUMENTOS DEPOIS DO DIVÓRCIO 85
DOENÇA MENTAL DO CÔNJUGE 73
EFEITOS DA RECONCILIAÇÃO DOS
DESQUITADOS 35
EFEITOS DO DESQUITE 17
EXAME DE CORPO DE DELITO 54
EXAME GRAFOTÉCNICO 53
EXAMES PERICIAIS 53
EXTINÇÃO DA PENSÃO ALIMENTÍCIA 67
FALTA DE ASSISTÊNCIA MORAL 44
FALTA DE ASSISTÊNCIA MÚTUA 44
FALTA DE PAGAMENTO DA
PENSÃO ALIMENTÍCIA 63
FALTA DE PAGAMENTO DE PENSÃO ALIMENTÍCIA E
DIVÓRCIO DIRETO LITIGIOSO 83
FORMA DE PARTILHA AMIGÁVEL DE BENS 28
FOTOGRAFIAS 52
GRAMPO TELEFÔNICO 55
GRAVAÇÕES TELEFÔNICAS 55
GUARDA ALTERNADA DOS FILHOS 18
GUARDA CONJUNTA DOS FILHOS 18
GUARDA DE FILHO E
MUDANÇA DE RESIDÊNCIA 61
GUARDA DOS FILHOS E ANULAÇÃO DE
CASAMENTO 104
GUARDA DOS FILHOS E DIVÓRCIO DIRETO
LITIGIOSO 83
GUARDA DOS FILHOS NO
DESQUITE AMIGÁVEL 18
GUARDA DOS FILHOS NO DESQUITE LITIGIOSO ...58
GUARDA DOS FILHOS NO
DESQUITE SEM CULPA 73
HONORÁRIOS DO ADVOGADO 104
IMÓVEL PARTILHADO E REINTEGRAÇÃO
DE POSSE 33
IMPEDIMENTO À CONVERSÃO DO DESQUITE EM
DIVÓRCIO 77
INDENIZAÇÃO PELO FIM DO CASAMENTO 47
INSPEÇÃO JUDICIAL 54
INTERDIÇÃO 48
INVENTARIANTE DOS BENS DOS
DESQUITADOS 69
INVENTÁRIO JUDICIAL PARA PARTILHA
DE BENS 69
LOCAÇÃO E DESQUITE DO CASAL 71
MEDIDA CAUTELAR DE
ALIMENTOS PROVISIONAIS 61
MEDIDA CAUTELAR DE SEQÜESTRO DE BENS 71
MEIOS DE PROVA 48
MODIFICAÇÃO DA GUARDA DOS FILHOS 59
MORTE DO CÔNJUGE ANTES DO TÉRMINO DO
DESQUITE 75
MORTE DO DEVEDOR DA
PENSÃO ALIMENTÍCIA 67
MUDANÇA DE ADVOGADO
DURANTE O PROCESSO 106
NOME DE CASADA 37
NOME DE CASADA E
ANULAÇÃO DE CASAMENTO 104
NOME DE CASADA E DESQUITE AMIGÁVEL 17
NOME DE CASADA NO DESQUITE LITIGIOSO 67
NOME DE CASADA NO DESQUITE SEM CULPA 73
NOME DE CASADA NO DIVÓRCIO DIRETO
AMIGÁVEL 81
OBRIGAÇÕES DA TESTEMUNHA 51
OFENSAS MORAIS (INJÚRIA GRAVE) E DESQUITE
LITIGIOSO 46, 47, 48
ONDE AJUIZAR O PROCESSO 56
PACTO ANTENUPCIAL 23
PAGAMENTO DE IMPOSTO NA
PARTILHA AMIGÁVEL 30
PARTILHA DE BENS E
ANULAÇÃO DE CASAMENTO 103
PARTILHA DE BENS E CÔNJUGE EMPRESÁRIO 71
PARTILHA DE BENS E CO-PROPRIEDADE 31
PARTILHA DE BENS E
FINANCIAMENTO DE IMÓVEL 34
PARTILHA DE BENS E
INDENIZAÇÃO TRABALHISTA 32
PARTILHA DE BENS E RENDIMENTO DO TRABALHO
DO CÔNJUGE 32, 33
PARTILHA DE BENS NO DESQUITE AMIGÁVEL 23
PARTILHA DE BENS NO DESQUITE LITIGIOSO 69
PARTILHA DE BENS NO DESQUITE SEM CULPA ...74
PARTILHA DE BENS NO
DIVÓRCIO DIRETO AMIGÁVEL 82

Entrada	Página
PARTILHA DE BENS NO DIVÓRCIO DIRETO LITIGIOSO	84, 85
PARTILHA DE BENS NO PEDIDO DE CONVERSÃO DE DESQUITE EM DIVÓRCIO	80
PATERNIDADE E SEPARAÇÃO DE CORPOS	11
PENSÃO ALIMENTÍCIA ANTES DO PROCESSO DE DESQUITE	63
PENSÃO ALIMENTÍCIA E ANULAÇÃO DE CASAMENTO	104
PENSÃO ALIMENTÍCIA E APOSENTADORIA DO DEVEDOR	22
PENSÃO ALIMENTÍCIA E DIREITO DE VISITA	60
PENSÃO ALIMENTÍCIA E FORMA DE PAGAMENTO	18, 19, 21
PENSÃO ALIMENTÍCIA E IMPOSTO DE RENDA	22
PENSÃO ALIMENTÍCIA E PADRÃO DE VIDA	19
PENSÃO ALIMENTÍCIA E PAGAMENTO EM DINHEIRO	18, 21
PENSÃO ALIMENTÍCIA E PARTILHA DE BENS	21
PENSÃO ALIMENTÍCIA E REDUÇÃO DO VALOR	65, 66
PENSÃO ALIMENTÍCIA NO DESQUITE LITIGIOSO	61
PENSÃO ALIMENTÍCIA NO DIVÓRCIO DIREITO AMIGÁVEL	82
PENSÃO ALIMENTÍCIA NO DIVÓRCIO DIREITO LITIGIOSO	83
PENSÃO ALIMENTÍCIA PARA EX-MARIDO	20
PENSÃO ALIMENTÍCIA PARA EX-MULHER	19
PENSÃO ALIMENTÍCIA PARA OS FILHOS	18
PERDA DO DIREITO À PENSÃO ALIMENTÍCIA	66
PERDA DO DIREITO DE USAR O SOBRENOME DO MARIDO	68
PERÍCIA CONTÁBIL	54
PERÍCIA PSICOLÓGICA E SOCIAL	53
PRAZO PARA APRESENTAR DEFESA NO DESQUITE LITIGIOSO	57
PRAZO PARA COBRAR DÉBITO DE PENSÃO ALIMENTÍCIA	63
PRAZOS PARA PROCESSO DE ANULAÇÃO DE CASAMENTO NO NOVO CÓDIGO CIVIL	103
PROCESSO DE DESQUITE AMIGÁVEL	15
PROCESSO DE DESQUITE LITIGIOSO	56
PROMESSA DE DOAÇÃO DE BENS NA PARTILHA AMIGÁVEL	25, 26
PROVA DA EXISTÊNCIA DE BENS E RENDIMENTOS	52
PROVA DA PARTILHA DE BENS	30
PROVA DA SEPARAÇÃO DE FATO	72
PROVA DO ADULTÉRIO	52
PROVA DOCUMENTAL	51
PROVA PERICIAL	53
PROVA TESTEMUNHAL	50
RECONCILIAÇÃO DO CASAL	34
RECONCILIAÇÃO DO CASAL E CONSEQÜÊNCIAS	35
RECONCILIAÇÃO E COMPRA DE IMÓVEL	36
RECONVENÇÃO	57
RENÚNCIA DE BENS NA PARTILHA AMIGÁVEL	29, 30
RENÚNCIA DO DIREITO À PENSÃO ALIMENTÍCIA	20, 21
RENÚNCIA DO DIREITO DE USAR O NOME DE CASADA	68
SEGREDO DE JUSTIÇA	58
SEPARAÇÃO DE BENS	25, 26, 27
SEPARAÇÃO DE CORPOS	10, 11, 13
SEPARAÇÃO DE FATO	13
SEPARAÇÃO DE FATO ANTES DO DESQUITE AMIGÁVEL	21
SEPARAÇÃO DE FATO E PARTILHA DE BENS	80
SEPARAÇÃO JUDICIAL (DESQUITE)	10
SEXO VIRTUAL	43
SIGILO TELEFÔNICO	55
SUSPENSÃO DO PAGAMENTO DA PENSÃO ALIMENTÍCIA	66
TAXA DE CONDOMÍNIO E IMÓVEL PARTILHADO	33
TÉRMINO DO PROCESSO JUDICIAL	74
TESTEMUNHAS	50
TROCA DE DOCUMENTOS DEPOIS DO DESQUITE	36
TROCA DE DOCUMENTOS DEPOIS DO DIVÓRCIO	85
VALIDADE DA SEPARAÇÃO DE CORPOS	10
VALOR DA PENSÃO ALIMENTÍCIA	61
VIOLAÇÃO DOS DEVERES DO CASAMENTO	41
VIOLAÇÃO DO DEVER DE CONVIVÊNCIA	45
VIOLAÇÃO DE CORRESPONDÊNCIA	55

Agradecimentos
Meus especiais agradecimentos aos colegas Mário Marcucci e Alexandre Gianini, a quem devo muito desse trabalho, por sua aplicada colaboração nas pesquisas e discussões dos temas.

O Autor

Este livro foi impresso na
LIS GRÁFICA E EDITORA LTDA.
Rua Felício Antonio Alves, 370 – Jd. Triunfo – Bonsucesso
CEP 07175-450 – Guarulhos – SP – Fone. (0xx11) 6436-1000
Fax.: (0xx11) 6436-1538 – E-Mail: lisgraf@uninet.com.br